공병호의
변화경영

KI신서 1078
공병호의 변화경영

1판 1쇄 발행 2007년 7월 25일
1판 4쇄 발행 2010년 8월 13일

지은이 공병호 **펴낸이** 김영곤 **펴낸곳** (주)북이십일 21세기북스
책임·편집 정지은, 이승희 **기획·편집** 박종운, 이성용, 엄영희, 박의성
마케팅·영업 최창규, 김보미 **디자인** 성인기획
출판등록 2000년 5월 6일 제10-1965호
주소 (우413-756) 경기도 파주시 교하읍 문발리 파주출판단지 518-3
대표전화 031-955-2100 **팩스** 031-955-2151 **이메일** book21@book21.co.kr
홈페이지 www.book21.com

값 12,000원
ISBN 978-89-509-1136-2 13320

이 책 내용의 일부 또는 전부를 재사용하려면 반드시 (주)북이십일의 동의를 얻어야 합니다.
잘못 만들어진 책은 구입하신 서점에서 교환해 드립니다.

공병호의 변화경영

공병호 지음

www.book21.com

| 프롤로그 |

생존을 위한 변화 속으로 뛰어들어라

제대로 변화하기란 개인이나 조직 모두에게 무척 힘든 일이지만, 지속적으로 변화해나가지 않는 조직이나 개인은 결코 내일을 기약할 수 없다. 때문에 거의 모든 기업들은 업종과 규모를 불문하고 '변화와 혁신'을 조직경영의 중심에 둔다. 최근 들어서는 상대적으로 변화로부터 비교적 떨어져 있는 영역이라 여겨져왔던 비영리단체들조차 변화를 위해 바쁘게 움직이는 모습을 보이고 있다.

   이 책은 이 시대의 화두에 해당하는 '변화와 혁신', 즉 '변화와 혁신을 성공적으로 이끄는 방법'을 다루고 있다. 늘 그렇지만 필자가 책을 내는 목적은, 고객의 성공을 도와줄 만큼 가치가 있고 고객과 시대가 요구하는 주제에 대해 시간과 에너지를 투입하는 것이다.

   강연, 세미나, 워크숍 등을 위해 다양한 조직을 방문하는 필자에게 그런 기회들은 나의 메시지와 지식을 전달하는 시간임과 동시에, 이 시대를 함께 살아가는 분들이 어떤 주제에 대해 치열하게 고민하고 그 문제를 해결하기 위해 노력하고 있는지 확인할 수 있는 시간이기도 하다.

   지난 2년여 동안 필자가 자주 진행한 강의 주제 가운데 하나가 '어떻게 변화경영(혹은 변화와 혁신)을 성공으로 이끌 것인가?'였다. 그런

데 강연 시간은 길어야 2시간 남짓이므로 늘 아쉬움이 남았고, 조직의 변화경영이라는 주제에 대해 체계적으로 정리할 필요를 느껴왔다. 이 책은 그런 필자와 고객의 니즈에 차분히 답을 정리한 책이다.

서점에 가보면 조직의 변화경영을 다룬 책들이 꽤 눈에 띈다. 그런데 대부분 컨설턴트나 변화경영 전문가들이 서구 기업의 변화경영에 대한 사례들을 다룬 책이다. 이들과 필자가 차별화를 시도한 것이 있다면, 무엇보다도 변화경영에 대한 기존의 방법론들을 체계적으로 정리하여 이를 바탕으로 '공병호식 변화경영론'을 제시한 것이다. 물론 지면의 한계로 인해 개별 기업의 특성이나 산업의 특성에 따른 아주 세세한 문제들까지 한 권의 책에 모두 담을 수는 없는 일이다. 그러나 성공적인 변화경영을 위한 든든한 가이드북을 만들 수 있다면 이 또한 성공적인 실천을 위해 가치 있는 일일 것이다. 그런 점에서 이 책은 '성공적인 변화경영을 위한 믿음직한 가이드북'이라 할 수 있다.

이 책은 크게 두 부분으로 구성되어 있다. 1부에서는 변화경영의 전반에 대해 다룬다. 1장은 변화경영에 대한 구체적인 정의를 내린다. 변화경영과 기업경영이 어떤 관계가 있는지 살펴본 뒤, 이를 바탕으로 변화경영을 어떻게 정의하는 것이 좋은지를 다루고 있다.

2장에서는 사람들이 변화를 어떻게 받아들이는지, 변화를 받아들이는 사람들의 일반적인 태도와 사람들이 변화를 싫어하는 이유에 대해 살펴보고 있다. 3장에서는 변화경영에 대한 이론적 틀을 제시한다. 이를 위해 여섯 명의 쟁쟁한 전문가들이 자신만의 독특한 관점에서 제시한 변화경영론을 소개한다. 르윈, 리핏, 셰퍼드, 베카드, 코터, 내들러가 제시한 변화경영론은 변화경영의 실천 방향을 고심하는 사람들에게 변화경영을 위한 이론적 틀과 기본 철학을 심어줄 것이다.

이 책 전체 분량의 절반 이상을 차지하고 있는 2부에서는 변화경영의 실천 방법을 다루었다. 변화경영을 시도하는 사람들에게 필요한, 구체적이고 실용적인 조언을 담고 있다. 인지단계, 준비단계, 추진단계 그리고 결실단계로 구성되는 4단계는 각각 5가지 구체적인 실행 방안으로 구성되어 있다. 따라서 2부에서 독자들은 총 20가지 변화경영 방법론을 만나게 될 것이다.

아는 것과 실천하는 것 사이에는 상당한 간극이 있다. 특히 조직의 변화는 더욱 그렇다. 이 책은 실행을 위한 구체적인 기본 지식과 틀, 가이드를 제시하는 데 손색이 없을 것이다. 변화경영을 통해서 위기 극복, 새로운 기회 포착, 경쟁력 회복을 꾀하는 모든 분들에게 일독을 권하고 싶다. 조직의 규모나 성격, 해당 업종에 관계없이 도움이 될 것이다.

한 권의 책이 탄생하는 데는 필자뿐만 아니라 여러 사람들의 정성과 헌신이 투입된다. 투박한 원고를 다듬는 데는 최향금 님의 노고가, 기획부터 출간까지는 21세기북스의 박종운 님과 정지은 님의 정성이 스며들었다.

아무쪼록 이 책이 험난한 변화의 시대에 조직의 생존과 번영을 위해 노심초사하는 이 땅의 모든 리더와 구성원들에게 희망과 지혜를 가져다주는 데 큰 역할을 하기 바란다.

끝으로 미래학자 앨빈 토플러가 말한 것처럼 "변화란 생명에 단순히 필요한 것이 아니다. 변화란 바로 생명 그 자체이다"라는 말을 기억하기 바란다.

2007년 7월 공병호

프롤로그 생존을 위한 변화 속으로 뛰어들어라 • 004

1부 변화와 변화경영

1장 기업 환경이 변하면 경영 원칙도 변한다

01 변화를 받아들여라 • 016
02 조직의 생존은 변화에 달려 있다 • 021
03 변화의 3가지 유형 • 030
04 특정 모델에 얽매이지 마라 • 037
05 환경 변화에 따른 최적의 솔루션을 찾아라 • 041
06 변화경영은 최적의 선택을 위한 과정 • 046

2장 변화경영의 핵심은 개인의 변화

01 변화는 개인의 판단과 선택에 의해 좌우된다 · 056
02 변화를 받아들이는 태도는 다양하다 · 060
03 변화에 대한 저항의 징후를 살펴라 · 068
04 사람들은 왜 변화에 저항할까 · 072
05 변화를 받아들이는 5단계 · 078

3장 변화경영 방법론

01 르윈의 3단계 모델 변화 친화적인 힘을 증가시켜라 · 085
02 리핏의 7단계 모델 변화 주도자의 역할과 책임이 중요하다 · 092
03 셰퍼드의 경험 법칙 변화 주도자가 지켜야 할 행동 원칙 · 097
04 베카드와 해리스의 변화방정식 변화를 일으키는 결정적인 요소 · 101
05 코터의 8단계 방법론 변화경영 가이드와 각 단계의 방해 요소 · 106
06 내들러의 12가지 행동단계 변화에 대한 저항을 극복하라 · 114

2부 변화경영 실천방법

1장 인지단계 변화를 인지하라

01 리더가 깨어 있어야 한다 • 126
02 리더가 절박해야 한다 • 134
03 인식의 차이를 좁혀라 • 140
04 마음의 틀에 투자하라 • 148
05 위기감과 분노를 공유하라 • 154

2장 준비단계 변화를 준비하라

01 강력한 변화경영 추진팀을 조직하라 • 160
02 참여 의식을 높여라 • 167
03 비전과 목표를 새롭게 하라 • 173
04 개인의 비전과 목표로 연결하라 • 179
05 적극적으로 커뮤니케이션하라 • 185

3장 추진단계 변화를 행동으로 옮겨라

01 야심적인 목표 관리를 실시하라 · 194
02 우선순위에 따라 실행하라 · 200
03 조기에 성공 사례를 발굴하라 · 208
04 적절한 방법론을 선택하고 실천하라 · 214
05 성과에 대해 보상하라 · 223

4장 결실단계 변화의 결과물을 거둬들여라

01 변화를 시스템화하라 · 230
02 끊임없이 재단장하라 · 235
03 짧고 굵게 축하하라 · 240
04 개인의 역량을 강화하라 · 245
05 결코 안심하지 마라 · 250

에필로그 변화의 학생이 돼라 · 255
주 · 259
참고문헌 · 268

1 변화와 변화경영

변화란 무엇이며, 과연 어디에서 오는가?
변화를 일으키는 요인은 무엇이며, 변화경영이 어떤 의미를 갖고 있는가?
변화경영의 정의와, 아울러 여섯 명의 대표적인 변화경영 전문가들이
제시한 변화경영 방법론을 살펴본다.

1장

기업 환경이 변하면 경영 원칙도 변한다

변화하는 것이 변화하지 않기를 바라는
가치 없는 욕망을 품지 말라.

Do not cherish the unworthy desire
that the changeable might become the unchanging.

– 부처

01_
변화를 받아들여라

이 세상에 존재하는 모든 생명체와 사물들은 시간의 흐름이 가져오는 물리적이고 질적인 변화에서 자유로울 수 없다. 그러기에 변화라는 현상을 떠올릴 때면 항상 가로축(X축)에는 시간, 세로축(Y축)에는 변화를 놓고 2가지 변수의 다양한 조합을 상상하게 된다. 그 위에는 성장, 정체, 쇠퇴라는 다양하게 변화하는 시간의 모습이 펼쳐진다. 완전한 상태를 유지하는 것은 오직 순간이다. 다시 말해서 시간의 흐름에 따라 변화는 불가피한 것이다.

우리가 살아가는 세상은 일종의 다이내믹한 게임이 진행되고 있는 장소로 이해할 수 있다. 저마다의 이익을 극대화하려는 개인과 조직이 존재하는 그런 장소 말이다. 새로운 고객, 새로운 시장, 새로운 상품, 새로운 기술이 쏟아져 나오면서 생존과 번영을 위한 치열한 경쟁의 장이 펼쳐진다.

저마다의 이익을 추구하는 개인과 조직은 자신들의 목적을 달성하려고 노력하는 과정에서 엄청난 정보와 지식을 쏟아낸다. 이런 정보와 지식은 또 다른 새로운 정보와 지식을 만들 원천이 되고, 세상은 알려지지 않은 새로움을 향해 계속해서 나아가게 된다. 남보다 더 잘되려는 욕망이 있는 한, 혹은 남보다 더 인정받고 싶어 하는 욕구가 있는 한 세상은 역동적으로 변화해갈 것이다.

다시 말해서 변화는 시간의 흐름과 인간의 동기가 가져오는 요구, 욕구, 욕망에서 시작된다. 이것들은 개인이나 조직이 어찌할 수 없는 것들이다. 그래서 변화는 불가피하게 진행될 수밖에 없으며, 우리 모두 변화와 더불어 살아갈 수밖에 없다.

변화를 생각할 때 떠오르는 단어는 2가지인데, '만물은 변화한다'는 항상성과 '변화는 불가피한 것이다'는 불가피성이 바로 그것이다. 대부분의 변화는 개인이나 조직의 자유의지로 선택할 수 있는 것이 아니라 일방적으로 주어진다. 하지만 개인이나 조직은 변화에 대해서 서로 다른 태도를 취할 수 있다. 기꺼이 받아들이는 사람들, 완강히 거부하는 사람들, 하는 수 없이 받아들이긴 하지만 어중간한 태도를 취하는 사람들로 나누어진다.

하지만 언제나 변화를 기꺼이 자신의 문제로 받아들이고 해결책을 마련해서 신속하게 행동에 나서는 사람들은 소수에 지나지 않는다. 누구나 변화를 기꺼이 받아들일 수 있다면, 변화를 다루는 전문가나 명성을 떨치는 컨설팅 업체들은 존재할 필요가 없을 것이다. 변화란 꼭 필요한 것임에도 불구하고 그 자체가 가져올 수밖에 없는 불안감, 불편함, 불확실성 등과 같은 요인들 때문에 변화를 대하는 다수의 사람들로 하여금 저항하거나 비협조적인 태도를 취하게 만든다.

어느 시대를 살아가든 사람들은 자신에게 주어진 변화의 강도를 그전 어느 시대보다 강하고 폭넓게 받아들인다. 때문에 사람들은 자신만이 특별히 가혹한 변화의 시대를 맞이하고 있다고들 말한다. 하지만 생명의 역사를 넓은 시각에서 조망해보면 모든 것이 단순함에서 복잡함을 향해 성장하고 발전해왔음을 확인할 수 있다. 복잡함이 더해질수록 변화의 강도와 폭은 더욱 강해지고 그 저변도 확대되어 갈 수밖에 없다.

그럼에도 불구하고 변화를 인식하고 행동을 통해서 변화에 적응하고 대응해가는 인간의 생물학적 속성은 크게 달라지지 않았다. 이는 변화가 주어졌을 때 인간이 변화를 인지하는 것도 어렵지만, 이에 대응하기 위해 지속적인 행동으로 실천하는 일 역시 여전히 어렵다는 것을 의미한다. 변화의 불가피성을 알아차린다고 해서 변화와 관련된 문제가 해결되는 것은 아니다. '아는 것'과 '실천하는 것' 사이에는 커다란 간극이 존재할 수밖에 없기 때문이다.

일찍이 인간의 본성을 예리하게 간파했던 마키아벨리는 《군주론》에서, 인간이란 변화에 대해 친화적인 태도나 마음가짐을 좀처럼 갖기 어려운 존재라는 점을 지적한 바 있다. 그는 인간이 변화에 저항하는 것은 자연스러운 경향임을 다음과 같은 말로 강조했다.

단단히 명심해야 할 바는 '새로운 질서'를 확립하는 것만큼 어려운 사업은 없다는 것이다. 실행하기가 매우 힘들고, 실행해도 성공이 확실하지 않으며, 실행 과정에 세심한 주의가 필요하다.

왜냐하면 새로운 질서를 만들어내기 위해 변화를 실행하는 자, 즉 개혁자는 현 체제에서 단물을 빨아먹는 모든 사람을 적으로 돌리게 될 뿐만 아니라 새 체제가 되면 '덕'을 볼 사람들로부터는 미적지근한 지지밖에 기대할 수 없기 때문이다. 그 미적지근함은 2가지 원인에서 생긴다. 첫째는 현 체제를 유지하고 있는 사람들에 대한 공포감이고, 둘째는 이례적이며 새로운 것에 대한 불신감이다. 인간이란 본래 직접 경험해볼 때까지는 새로운 어떤 것을 믿지 못하기 때문이다.

변화를 실행하는 개혁자는 모든 면에서 반대자들의 공격을 받게 되고, 이에 대해 무리를 지어 열심히 저항하고자 한다. 하지만 변화의 실행에 찬성하는 사람들은 미적지근한 태도로 변화를 행하는 자를 옹호할 뿐이다. 결국 개혁을 추구하는 자는 그들 사이에서 위험에 빠지게 된다.[1]

만일 세상 사람들이 변화를 기꺼이 받아들였다면, 역사 속에서 국가나 조직의 흥망성쇠라는 것 자체가 존재하지 않았을 것이다. 시대가 변화함에도 불구하고, 변화를 거부하는 사람들과 조직들이 다수를 차지했기 때문에 역사는 흥망성쇠를 거듭하고 있다.

그리고 변화를 일으키기 위해 용감하게 나섰다가 그 자리에 머물러 있기를 원하는 사람들의 조직적인 모함이나 반대로 무대에서 사라져버린 인물들도 많다. 성공적인 변화의 길을 다루어볼 만한 이유가 바로 여기에 있다. 변화를 거부하는 마음을 바꾸어 변화를 적극적으로 수용할 수 있게 만든다면, 이는 개인이나 조직 그리고 공동체에 엄청난 이익을 가져다줄 것이다.

《군주론》에는 국가나 조직이 어떻게 몰락의 길로 들어서게 되는지를 다룬 대목이 있는데, 이는 과거의 것에 매몰된 나머지 자신만의 방법을 고집하면 몰락의 길로 들어서게 된다는 교훈을 준다. 마키아벨리는 인간의 생물학적 본성, 즉 변화에 저항하는 태도와 마음가짐을 뛰어넘어 자기 자신과 정책을 적극적으로 바꾸어나가라고 조언한다.

좋은 것이라고 어느 때나 좋을 수는 없다. 만약 신중하고 참을성 있게 통치하는 방법이 시대의 성격이나 상황에 적합하다면 이로써 그 군주는 번영할 것이며, 반대로 시대의 성질이나 상황이 이에 맞지 않는데도 불구하고 자신의 방법을 고집한다면 그는 또 이로써 멸망할 것이다. 그러나 이처럼 시대와 환경의 변화에 적응하는 현명한 인간이란 그리 흔하지 않다. 인간은 타고난 성질대로 움직이기 쉽고 거기에서 헤어나기란 어렵다. 그리고 한 가지 길로써 번영을 누린 사람은 그 길에서 벗어날 마음이 도저히 일어나지 않는다. 그래서 용의주도한 사람은 과감히 움직여야 할 때가 와도 팔짱만 끼고 앉아서 파멸을 면치 못하는 경우가 많다. 시대와 환경의 변화에 맞추어 자신의 성질을 바꾸어나간다면 어려움에 처할 이유가 없다.[2]

02_
조직의 생존은 변화에 달려 있다

이 글을 읽는 순간에도 '만물은 변화한다.' 개인과 조직, 그리고 공동체를 둘러싸고 있는 환경은 변화하고 있으며, 변화를 주도해나가야 할 주체들 역시 시시각각 변화해가고 있다.

우리는 변화의 본질을 있는 그대로 정확하게 이해하고 이를 바탕으로 변화를 현명하게 경영해나갈 방법을 찾아서 실천에 옮겨야 한다. 왜냐하면 변화를 현명하게 경영하는 일은 개인뿐만 아니라 조직과 공동체의 생존과 번영에 있어서도 매우 중요하기 때문이다.

조직의 다양한 모습만큼 변화를 일으키는 요인들도 많다. 각각의 조직이 처한 환경이 여러 면에서 서로 다르기 때문이다. 대다수 조직들이 당면하게 되는 공통적인 변화 요인은 다음과 같이 크게 2가지로 나눌 수 있다. 하나는 외적인 요인, 즉 환경적인 요인을 들 수 있다. 다른 하나는 내적인 요인, 즉 조직적인 요인이다.[3]

외적인 요인

첫째, 고객의 선호 혹은 기호(taste) 변화. 고객들의 요구가 변해 기존에 잘 팔리던 상품들이 갑자기 인기를 잃어버리게 되는 것이다. 이로 인해 특정 제품에 과도하게 의존한 기업은 매출이 급감하고 이익이 현저하게 줄어든다. 예를 들어 웰빙 열풍과 다이어트에 대한 관심이 높아지자 패스트푸드 업계는 큰 피해를 입었다. 과거에는 '패스트푸드' 하면 '미국적이고 앞서가며, 세련되고 편리하다' 는 이미지로 다가왔지만, 요즘은 '시대에 뒤떨어지고, 건강에 좋지 않고, 질이 낮다' 는 이미지로 변해버린 것이다. 그 결과 외환 위기에도 아랑곳하지 않고 승승장구하던 패스트푸드 업계는 2002년 1조 4,000억 원 규모로 매출이 정점을 이룬 이후 계속해서 내리막길을 걷고 있다. 최근에는 조금씩 회복세를 보이고 있지만 고객의 선호까지 바꿀 수 있을지는 두고 봐야 할 것이다. 이는 고객의 선호 변화가 기업에 타격을 준 대표적인 사례 가운데 하나이다.

둘째, 불황으로 인한 실질소득 정체 혹은 감소. 사람들의 지갑이 가벼워진다는 것은 곧 구매력 감소를 뜻한다. 구매력 감소는 극히 예외적인 경우를 제외하면 거의 전 업종에 걸쳐서 매출이나 이익의 감소를 가져온다. 특히 가격에 대한 탄력성이 높은 상품이나 서비스가 타격을 받는다. 문제는 저성장이 장기화되면 기업들은 매출 및 이익 감소라는 심각한 문제를 맞이할 수밖에 없다는 것이다.

이에 대한 사례로 일본의 경우를 살펴보겠다. 일본은 소득 계층을 분류할 때 연소득 600만 엔을 기준으로 중류층을 나눈다.[4] 연소득

1,000만 엔 이상은 상류층, 600만~1,000만 엔은 중상층, 300만~600만 엔은 중하층, 300만 엔 이하는 하층이다. 그런데 중하층 이하의 인구가 일본 총인구의 78.9%나 차지하며, 최근 들어 중상층의 몰락이 뚜렷한 사회적인 현상의 하나로 자리 잡고 있다. 이를 두고 오마에 겐이치는 《부의 위기》라는 최근 작에서 'M자형 사회로의 이동'이라는 표현을 사용했는데, 이런 현상이 발생하는 중요한 요인 가운데 하나로 일본의 장기 불황과 비정규직의 꾸준한 증가를 들고 있다. 이런 소득 분포가 의미하는 것은 기업들이 기존의 상품 구색이나 가격 조건으로는 소비자들의 구매를 일으킬 수 없음을 말한다.

셋째, 치열한 가격 경쟁. 어느 시대든 상대 기업이 완전히 항복할 때까지 진행되는 '목숨을 건 가격 경쟁'이 존재했다. 그러나 근래에는 소득 성장이 정체되면서 고객들이 가격에 더욱 민감해지자 기업들은 상상할 수 없을 정도로 가격을 낮추어야 하는 압력에 시달리고 있다. 특히 중국 상품의 등장과 해외 글로벌 아웃소싱을 통해서 가격이 내려갈 수 있는 가능성이 증가하고 있기 때문에 이런 추세는 앞으로 더욱 뚜렷해질 것이다.

대표적인 사례 가운데 하나로 화장품 업계에서의 중저가 브랜드의 약진을 들 수 있다. 중저가 화장품의 개척자인 미샤를 시작으로 더페이스샵으로 대표되는 중저가 브랜드들의 공세는 방문판매에 의존했던 기존 기업들에게 적지 않은 스트레스를 주고 있다.[5]

넷째, 점점 짧아지는 제품의 '라이프 사이클(수명 주기)'. 이는 날로 치열해지는 경쟁에서 승리하기 위한 기업들의 노력의 하나로 이해할 수도 있지만, 이런 현상이 일어나는 보다 근본적인 이유는 신제품에 대한 고객들의 기호가 빠르게 바뀌고 있기 때문이다. 물론 여기에는 광고의 역할도 무시할 수 없다.

일례로, 1990년의 경우 미국의 식품 잡화점에는 새로운 포장이나 디자인, 상품명을 가진 신상품의 수가 약 2만 6,000종이었다. 2000년에는 약 4만 종이 새롭게 진열되었다. 하지만 이 가운데 불과 1.5% 정도만이 혁신적인 제품이라고 이름 붙일 수 있는 것이었다. 77%나 되는 대부분의 상품들은 다른 회사가 제공한 상품들과 거의 비슷한 '유사품'이었다.

그렇다면 고객들은 이것들을 얼마나 구입할까? 한 해 동안 150여 품목을 구입하는 데 그치고 있다. 제품의 라이프 사이클은 어떤가? 시장 전문가 마이클 해리스(Michael Harris)는 "많은 신상품들은 짧은 라이프 사이클을 갖고 있다. 모든 신상품 가운데 불과 5분의 1에서 3분의 1 정도만이 성공적이었다"고 말한다.[6] 이런 현상을 두고 토머스 데이븐포트와 존 벡은 "오늘날 '관심'은 개인에게나 기업에게 진짜 화폐 같은 존재다"라고 말하기까지 한다.[7] 덕분에 기업들은 제품 개발뿐만 아니라 더 많은 자원을 투입해서 자사 제품을 알리는 문제를 두고 골머리를 앓고 있다. 거의 대부분의 분야에서 비슷한 상황을 보이는데, 특히 전자 분야와 같이 기술 변화가 빠른 분야에서 이 같은 상황은 더욱 심하다.

다섯째, 제도 변화. 특정 산업에 대한 진입 여부를 결정하거나 가격을 결정할 때 경제적 규제와 환경, 안정 등에 대한 정부의 사회적 규제가 기업 활동에 미치는 영향은 매우 크다.

예를 들어 여성가족부의 경우 저출산 문제를 해결하는 방안의 하나로 아파트와 같은 공동주택 내의 국공립 보육 시설을 확충하기 위해 아파트 내 민간 보육 시설을 단계적으로 국공립화하겠다는 구상을 밝힌 바 있다. 현재 공동주택 보육 시설은 주민 공동 소유로 되어 있고 이를 민간이 유상 임대하여 사용하는 형식을 취하고 있다. 정부의 정책이 실제로 빛을 발하게 되면 어린이집 역시 민간 대신 국공립이 대체하게 될 것이다. 이는 보육 사업이 민간에서 정부로 이전함을 뜻한다. 특정 산업의 구조 자체를 바꾸어놓을 정도로 위력적인 규제라 할 수 있다.[8]

2008년 시행될 예정인 자본시장통합법 역시 은행, 증권, 보험 등과 같은 금융권 전반의 사업 영역 재조정을 염두에 둔 조치들이다. 이 같은 변화는 오랫동안 각 업종별로 나누어졌던 사업 영역에 대한 이동 장벽을 현저하게 낮추는 역할을 하므로 해당 기업들에게는 대단한 기회이자 위기로 다가올 수밖에 없다.

여섯째, 신기술의 등장. 신기술의 등장은 기업에게 원가, 품질, 기술 면에서 과거와 비교할 수 없을 정도의 경쟁력을 선사하는 경우가 많다. 이는 과거의 기술에 의존해왔던 기업들의 몰락과 완전히 새로운 기업의 부상을 의미한다.

인터넷의 광범위한 확산이 가져온 변화 가운데 하나로 오프라인 서점과 같은 전통적인 중소 규모 소매업의 몰락을 들 수 있다. 고객들은 편리성이나 가격의 매력 때문에 오프라인 매장을 버리고 온라인 매장으로 옮겨갔다.

신기술이 완전히 시장을 대체해버린 사례로는 호출기 산업을 들 수 있다. 1982년 처음 선을 보인 무선호출기는 1990년대 초반에 초호황기를 맞이했다. 사업자들은 매년 발생하는 수백억 원의 순이익에 입을 다물지 못하였고, 일부는 농구단을 인수하는 등 승리의 축배에 도취되었다. 그러나 파국은 예상보다 훨씬 빨리 다가왔다. 셀룰러 방식의 핸드폰에 이어 1997년 PCS 방식의 핸드폰이 등장하면서 호출기 가입자는 눈에 띄게 줄어들었다. 그 결과 1999년부터는 한 해 수십억 원에 달하는 적자를 안았고, 후발주자들은 투자비를 회수하기도 전에 몰락하였다. 무선호출기 기업들은 휴대전화가 대중화되려면 최소한 10년은 걸릴 것으로 내다보았다. 단말기의 가격차가 워낙 컸기 때문이다. 휴대폰이 처음 선보였을 당시 무선호출기 단말기 가격은 2만 원, 휴대폰 단말기는 30만 원대였다. 또한 기능 면에서도 '삐삐'가 앞서 있었기 때문에 송신 기능만 있는 '시티폰'에 상당한 투자를 하면 10년은 끌고 갈 것이라 판단하였다. 하지만 PCS 사업자들이 단말기를 공짜로 배포하고, 1998년에는 휴대전화에 문자 메시지 서비스를 추가함으로써 무선호출기 업계들의 몰락은 가속화되었다.

일곱째, 매수합병을 통한 강력한 경쟁자 등장. 대형 합병은 기존 시장 구도에 변화를 가져와 상대적으로 매수합병을 소홀히 해오던 기업들에게 큰 도전 과제를 안겨다줄 수 있다.

인도계 영국인인 락시미 미탈(Lakshmi Mittal)이 이끄는 미탈 스틸이 유럽의 아셀로와 합병하여 세계 제1위의 철강회사 자리를 굳힌 데 이어 인도 타타그룹 계열사인 타타 스틸이 세계 9위의 영국 코러스를 인수하면서 철강업계에 대형 합병 분위기가 팽배해진 시기가 있었다. 이때 포스코의 이구택 회장은 임직원과 협력회사 대표들에게 공식적인 자리에서 "세계적으로 기업 인수·합병의 광풍이 몰아치고

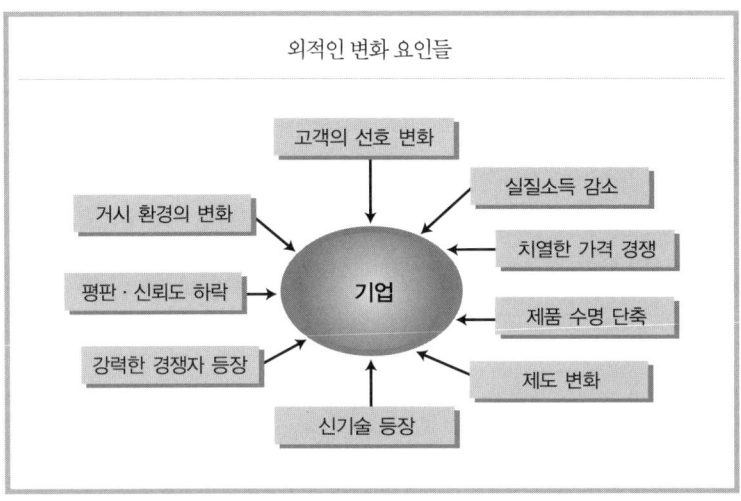

있으며, 주식회사 개념이 약한 우리나라나 일본과 달리 미국과 유럽 사람들은 이를 민감하게 받아들이고 있다. 설마 (세계 1, 2위 철강회사로 합병한) 미탈·아셀로가 포스코를 먹겠느냐고 생각하지만, 실질적으로 안전하지 않다"고 위기 의식을 표한 바 있다.[9]

여덟째, 우발적인 사건으로 인한 평판 리스크의 급증. 기업이 통제할 수 없는 우연하고 단순한 사건으로 인해 평판이나 신뢰도에 크게 금이 가는 경우가 종종 생긴다. 존슨앤존슨은 주력 제품인 타이레놀에 주입된 독극물로 크게 홍역을 치뤘다. 또한 훗날 무죄로 판명되었음에도 국내의 대표적인 라면 업체들이 우지 파동으로 인해 큰 타격을 받았다. 평판이나 신뢰도 하락을 극복하려면 상당한 노력이 뒤따라야 하므로 평판 리스크의 중요성은 앞으로 더욱 커질 것이다.

아홉째, 급격한 거시 환경의 변화. 1997년 한국 사회에 밀어닥친 외환위기가 대표적이다. 금리가 치솟고 환율이 급락하는 상황에서

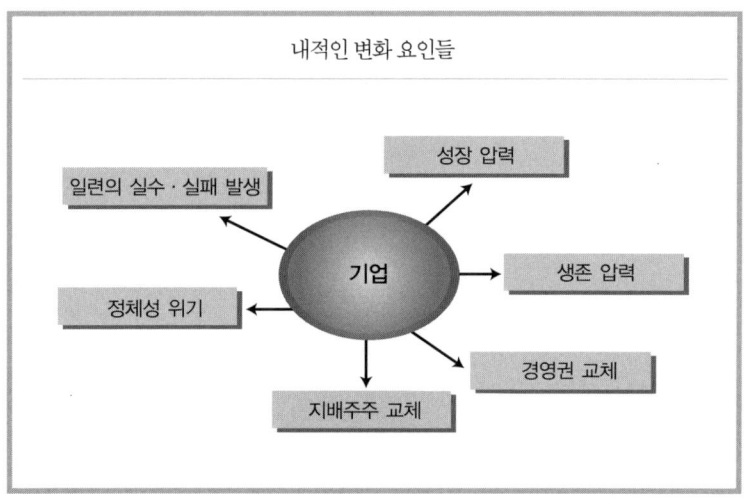

채무 비중이 높았던 기업들은 몰락의 길로 들어섰고 채무 비중이 낮고 수출에 의존하던 기업들은 오히려 큰 덕을 보았다.

내적인 요인

첫째, 성장 압력. 모든 조직은 계속해서 늘어나는 비용을 보충하고 새로운 투자 재원을 확보하기 위해 계속해서 성장해야 한다. 성장에 대한 지속적인 압력은 조직이 항상 변화해야 하는 요인으로 작용한다.

둘째, 생존 압력. 조직은 어떤 상황에 처하든 스스로의 생존을 확보하기 위해 다양한 변화를 시도한다. 생존에 대한 걱정은 앞에서 언급한 다양한 외적인 변화들에서부터 생겨난다.

셋째, 경영권 교체. 조직을 이끄는 최고경영자가 교체될 경우 새로 경영권을 맡은 사람은 경쟁사를 이기기 위해 과거의 경영자와 다른 방법을 사용한다. 이 과정에서 조직 내부에 새로운 변화의 바람이 몰아치게 된다.

넷째, 지배주주 교체. 지배주주 교체는 경영진의 교체뿐만 아니라 기업의 모든 면에서 다양한 영향을 미친다. 특히 기업의 목표와 전략 및 전술 등에서도 다양한 변화가 일어날 수 있다.

다섯째, 정체성 위기. 조직의 주력 상품이나 서비스의 매출액 구성비가 외적인 요인에 의해 크게 변화하면 기업은 스스로의 정체성을 새롭게 정리해나가기 위한 노력을 기울인다.

여섯째, 일련의 실수나 실패 발생. 조직 내부에 예기치 못한 실수나 실패가 발생하면 조직을 점검하고 새로운 변화를 모색한다.

03_
변화의 3가지 유형

변화는 다양한 모습을 갖는다. 변화의 유형은 변화의 강도에 따라 '점진적인 변화(Incremental change)', '급격한 변화(Rapid change)', '근본적인 변화(Paradigm change)'로 나눌 수 있다.[10]

점진적인 변화

점진적인 변화는 우리가 가장 흔하게 접할 수 있는 변화의 유형이다. 특별한 환경 변화가 없더라도 점진적 변화는 우리 주변에서 늘 일어나고 있다. 기업들은 경쟁에서 승리하기 위해 제품이나 서비스의 기능을 개선하거나 가격을 낮춘 상품들을 경쟁적으로 시장에 내놓는다. 이런 변화 속에서 기업들은 기존 제품이나 서비스의 기능, 품질, 가격 등을 개선할 수 있도록 기업의 모든 부분에서 보다 나은 성과를 이루고자 노력해야 한다. 물론 그들의 지향점은 어제보다 오늘 더 나은 상태, 원가, 품질, 기술, 고객 만족을 만드는 일이다. 점진적인 변화는 예상이 가능하기 때문에 변화에 적응하고 준비할 수 있는 어느 정도의 시간을 가질 수 있으므로 기업이 받는 충격이 덜하다.

급격한 변화

급격한 변화는 주로 시장 환경과 제도의 변화에 의해 발생한다. 급격한 변화는 그 충격이 클 뿐만 아니라 심한 경우 기업의 존망에도 결정적인 타격을 줄 수 있다는 점에서 기업들이 두려워하는 변화 가운데 하나라 할 수 있다. 그러나 급격한 변화는 위기뿐만 아니라 새로운 기회를 제공한다.

시장 환경 변화에 의한 급격한 변화의 전형적인 사례로 애플의 창업자인 스티브 잡스가 주도하여 2001년 10월 23일에 선보인 신개념 MP3 '아이팟'을 들 수 있다. 아이팟은 기존의 지배적인 상식을 깨뜨린 대표적인 상품으로 MP3시장의 기존 업체들에게 급격한 변화를 초래했다.

'아이리버'라는 상품으로 세계 MP3 시장에서 급부상하였던 벤처 기업인 레인콤은 선두를 차지한 지 불과 2년 만에 아이팟의 등장으로 급격한 변화의 소용돌이를 경험하였다. 레인콤은 2006년 매출은 전년 대비 50% 이상 급락하였지만 신규 투자 유치와 신제품 개발을 통해 성장의 활로를 개척해나가고 있다.[11] 반면 낸드 플래시 메모리를 대량 구매함으로써 원가를 대폭 낮추고 고객의 디자인에 대한 선호 변화를 정확하게 읽어낸 애플은, '슬림' 과 '휠' 이라는 디자인으로 승승장구할 것이라 예상했던 아이리버를 일거에 무력화시켜버렸다.

스티브 잡스는 아이팟을 내놓으면서 아주 작고 얇다는 점과 파일 용량이 작은 플래시 메모리를 사용한 기존 제품과는 달리 하드디스크를 사용한 점을 장점으로 들었다. 하지만 고객들이 아이팟을 구입하게 되는 요인은 매력적인 디자인 때문이라 할 수 있다. 아이팟이 고객의 눈을 사로잡을 수 있는 디자인이라는 큰 장점을 가졌기 때문에, 단순한 전자기기가 아닌 한 시대를 대표하는 문화 아이콘으로 자리 잡는 데 성공을 거두게 된 것이다.

출시한 지 6년이 되어가는 지금도 아이팟은 진화를 거듭하면서 새로운 형태로 변화해가고 있다. 최근에는 전화 기능을 통합한 새로운 형태의 휴대폰 '아이폰(iPhone)' 을 출시하였다.[12] 쉽지 않겠지만 만일 아이폰이 또 한 번의 신화를 만들어낸다면 그것은 휴대폰 시장에도 급격한 변화를 가져올 수 있는 또 하나의 사건이 될 것이다.

시장 환경의 급격한 변화 이외에도 제도 변화도 혁신적인 변화를 가져온다. 그 대표적인 사례로 미국의 증권산업을 살펴보자. 1975년 5월 1일, 미국은 1792년 이래 180년 동안 유지해온 고정 수수료 제도를 폐지하였다. 이는 수수료 규제라는 환경에서 오랫동안 사업을 진행해왔던 증권사들에게는 충격이 아닐 수 없었다. 이후 뉴욕증권거래소 회원사의 수입 중에서 수수료가 차지하는 비중은 1974년의 48.9%에서 1997년에는 14.7%까지 하락하였다. 그리고 2004년에는 16.5%에 머물렀다.

이 같은 급격한 변화에 대응하여 증권회사들은 단순한 중개수수료

의존 비율을 크게 낮추고, 매수합병, 사모 주선 업무, 투신 상품 판매 업무, 자산관리 업무 등으로 사업 영역을 개척하였다. 1974년 당시 10대 증권사 가운데 오늘날까지 10대 증권사로 살아남는 데 성공한 회사는 메릴린치와 골드만삭스뿐이다. 나머지 회사는 도산하거나 다른 회사에 인수당하고 말았다.[13]

당시의 제도 변화 와중에 슈왑 증권(The Charles Schwab Corp: 대표적 온라인증권회사)의 창업자 찰스 슈왑은 외적 변화를 통해서 사업 기회를 포착했다. 그는 1974년 증권거래위원회가 13개월간 증권업계 규율 자유화 기간을 발표하자 기회를 놓치지 않고 수수료 할인형 증권영업을 시작하였다.[14]

지금은 도저히 이해할 수 없는 일이지만, 당시 대부분의 증권업 종사자들은 투자자들이 직접 주식을 고르는 일을 하리라고 생각하지 못했다. 하지만 슈왑은 수수료를 70달러로 낮춤으로써 전체 투자자 가운데 10~15%를 유치하는 데 성공하였다.

슈왑 회장이 본 기회는 '주식 매매를 처리하는 일에 집중하고 수수료를 내리는 대신 고객을 상대로 강압적인 영업을 하지 않는 증권회사'였다. (중략) "수수료 할인 증권사를 시작하면서 무엇을 없애야 할까 고민했습니다." 그가 집중한 것은 증권사 영업직원들이 특정 종목을 추천하고 고객이 그 종목을 사도록 유도해서 높은 수수료를 받는 이해관계의 충돌 문제였다. "만일 주치의가 처방약을 지어줄 때마다 수수료를 챙긴다고 가정해봅시다. 얼마나 황당하겠습니까?"[15]

찰스 슈왑은 단순한 주식 매매를 뛰어넘어 뮤추얼펀드, 프라이빗 뱅킹 등 업무 영역을 확장하면서 오늘날의 슈왑 증권을 만드는 데 성공하였다. 1997년 경제 경영 전문지인 〈포브스〉는 슈왑 회장을 두고 '온라인 증권사 킹'이라 부르기도 하였다. 이후 그는 2004년 10월에 스위스계 투자은행인 UBS에 증권업 부문을 2억 6,500만 달러에 매각하는 데 성공하였다.

근본적인 변화

3가지 변화 중 강도나 규모가 가장 큰 변화다. 근본적인 변화는 과거와는 전혀 다른 새로운 형태의 경기 규칙이 만들어지는 경우를 의미하므로 '패러다임의 변화(paradigm change)'와 동의어로 사용할 수 있다.

근본적인 변화가 일어나면 기존 상품의 기초가 되어왔던 기술과는 완전히 다른 차원의 기술이 등장하고, 기존 기술에 바탕을 둔 기업들의 수익 기반이 급속히 무너져 회생불능 상태에 빠지는 경우가 많다. 기존 상품이나 서비스를 새로운 상품이나 서비스가 거의 완전히 대체해버리는 상황이 종종 일어나기 때문이다. 아날로그 기술에서 디지털 기술로의 전환은 근본적인 변화의 대표적인 사례라 할 수 있다.

2005년 5월 27일, 독일의 공영 ARD방송은 세계 3대 필름 회사 가운데 하나인 아그파포토가 독일 쾰른 지방법원에 회생 보호 신청을 했다는 소식을 전하였다.[16] 아그파포토는 1867년 화학자 파울 멘델스존 바르톨디와 카를 알렉산더 폰 마르티우스가 공동 설립하여, 1889

년부터 흑백필름을 개발해 판매해온 회사이다. 1936년에는 최초의 컬러필름을, 1959년에는 세계 최초로 자동 노출 사진기를 내놓기도 하였다. 그러나 기업 세계에서 성공적인 역사란 별 의미가 없다. 디지털카메라의 보급과 이로 인한 전통적인 사진 필름과 인화지 시장의 위축으로 결국 창업 140년 만에 파산 신청을 하게 된 것이다.

이제 시장에는 코닥과 후지필름이 남게 되었다. 얼마 전 한국을 방문하였던 미국의 경영 컨설턴트이자 저명한 강연자인 톰 피터스는 변화의 와중에서 어려움에 빠진 대표적인 기업으로 코닥을 드는 데 주저하지 않았다. 그는 "필름의 대명사였던 코닥은 디지털을 이해하지 못하고 아날로그만 고집하다 망해가고 있다. 이처럼 대기업은 자신의 성공 신화에 매혹되어 변화를 거부한다"고 꼬집기도 했다.[17]

하지만 현재 코닥은 근본적인 변화에 적응하기 위해 대단한 노력을 기울이고 있다. 2003년 25년간 근무한 휴렛패커드를 떠나 코닥의 구원투수로 등장한 안토니오 페레즈(Antonio Perez)는 필름 공장을 폐쇄하고 2만 7,000명을 감원하면서 임원 21명 가운데 3명만을 남기고 나머지는 모두 디지털 시장 경험이 있는 사람들로 채웠다. 시장이 변화해가는 속도만큼 따라잡을 수 있을지에 대한 회의감 속에서도 코닥은 필름 회사에서 디지털 회사로의 전환을 급속히 추진해갔다. 그 결과 2005년에는 미국 내에서 디지털카메라 분야의 시장점유율이 24.9%로 올라섰다. 총매출 가운데 40%를 디지털 분야가 차지했으며 필름 매출은 불과 18%에 지나지 않았다.

문제는 디지털카메라 시장에서의 경쟁이 날로 치열해지면서 이익이 별로 남지 않는다는 점이다. 그 때문에 월스트리트의 전문가들은 코닥의 앞날을 암울하게 내다보고 있다. 하지만 레그 메이슨(Legg Mason)의 사장인 빌 밀러는 코닥의 상업용 그래픽 비즈니스가 앞으로 두 자리 숫자의 이익 성장을 가져다줄 것이라 내다보기도 한다.[18] 또한 벅만앤레이드(Buckman & Reid)사의 브로커인 율리스 야나스는 "소비자들은 코닥이 디지털 이미지 분야의 리더라고 생각하기 시작하였다. 때문에 코닥은 더 이상 필름 분야에서 성공할 필요가 없다"며 낙관론을 내세운다.[19]

하지만 우리가 주목해야 할 부분은 코닥의 제품 혁신이 아니라 비즈니스 모델 자체의 혁신이다. 현재 코닥은 '필름 회사'에서 '이미지 회사'라는 비전을 갖고 회사를 바꾸어나가고 있다. 만약 코닥이 근본적인 변화에 대응해서 비즈니스 모델을 변신하는 데 성공할 수 있다면, 이들은 비즈니스 세계에서 커다란 성공의 역사를 다시 쓸 수 있을 것이다.

04_
특정 모델에 얽매이지 마라

과거의 변화와 현재의 변화 그리고 앞으로 기대되는 미래의 변화 사이에는 뚜렷한 차이가 있다. 현재의 변화와 미래의 변화를 제대로 읽어내려면 과거와는 다른 시각으로 변화를 바라봐야 한다. 과거, 현재, 미래의 변화를 구분하는 데는 다음과 같은 4가지 기준이 사용된다.

변화의 속도

과거의 변화가 속도 면에서 '느림'으로 특징지을 수 있었다면, 현재와 미래의 변화는 '빠름'이다. 왜 이런 현상이 일어나게 되었을까? 우선은 정보 확산 속도의 증가를 들 수 있다. 과거 같으면 상상도 할 수 없는 일이다. 과거만 하더라도 미국에서 한국 소식을 알기 위해 묵직한 분량의 종이 신문을 받아보려면 최소 3~4일에서 최대 일주

일 정도가 걸렸다.

그러나 지금은 전 세계적으로 이메일, 메신저, 홈페이지, 블로그 등을 통해서 커뮤니케이션이 거의 실시간으로 이루어지고 있으며, 실시간으로 정보를 주고받을 수 있게 되었다. 그리고 정보의 확산 속도는 연구 개발이나 제품 개발, 유행의 확산에도 크게 기여하게 되었다. 앞으로 언제 어디서나 접근이 가능한 유비쿼터스 환경이 완벽한 수준으로 구현된다면 그야말로 지구촌은 거의 동시에 정보를 공유할 수 있을 것이다. 여기에다 생산되는 정보의 양도 기하급수적으로 증가하고 있다. 책, 잡지, 전문지 등에서 쏟아내는 정보의 양은 매년 늘어나고 있는 추세이다. 이러한 정보 유통의 양과 속도의 비약적인 증가는 결과적으로 변화를 더욱더 가속화시킬 것으로 전망된다.

변화의 차원

과거의 변화는 국지적이고 부분적이었다. 그러나 점점 더 변화는 동시다발적인 모습으로 바뀌어가고 있다. 세계가 갈수록 보다 정밀한 거래망으로 연결되고 있기 때문이다. 세계화란 국가 간 개방과 교역이 날로 성장해가는 것을 말한다. 궁극적으로 정치, 경제, 사회 면에서 국가와 국가를 가로막고 있는 국경이 낮아지는 것이다. 정치와 사회 면에서는 국경의 존재가 여전하지만 경제 면에 국한해보면 '국경 없는 세계경제'는 이미 현실화된 지 오래다. 그만큼 특정 지역에서 일어나는 변화는 빠른 시간 내에 다른 지역으로 확산된다.

변화의 차원은 반드시 지역적인 측면에만 국한되는 것이 아니다.

산업과 산업 간에도 비슷한 유형의 변화를 관찰할 수 있다. 정보 기술의 발전은 거의 모든 산업에 영향을 미치고 있어, 산업과 산업 간에도 복합화와 융합화 추세는 눈에 두드러진 현상 가운데 하나가 되었다. 이런 현상들은 경쟁자의 범위를 대폭 확대시키고, 특정 산업이나 기술에서의 새로운 현상이 전혀 예상하지 못한 산업 분야와 기업들에게 영향을 미치게 되었다.

변화의 강도

과거의 변화를 두고 '약함'이란 표현을 사용한다면 현재와 미래의 변화는 '강함'이란 표현을 사용할 수 있다. 어떠한 변화든 경험하는 사람의 입장에서는 모두 강한 변화로 받아들여질 가능성이 있다. 변화는 그만큼 주관적인 문제이기 때문에 그 강도를 직접 측정하기란 쉽지 않다. 대신 변화 이후의 결과를 통해 변화의 강도를 간접적으로 측정해볼 수는 있을 것이다. 경쟁이 치열한 비즈니스 현장에서 기업들은 점점 양극화의 길로 걸어가고 있다. 승자가 누릴 수 있는 혜택은 점점 더 커지고 있다. 이는 경쟁의 강도가 점점 강해지는 것을 뜻하며 이를 두고 변화의 강도가 커진다고 표현해도 무방할 것이다.

변화의 복잡성

과거의 변화는 예측 가능한 경우가 많았다. 예측 자체가 가진 어려움에도 불구하고 예측에 사용하는 다양한 변수들을 어느 정도 인식할 수 있었기 때문이다. 그러나 이제는 특정 모델을 이용해서 미래를 전망하는 일이 불가능한 복잡계 시대가 되어버렸다. 그만큼 사회현상이 점점 더 복잡한 양상을 띄고 다양하게 전개되기 때문이다.

05_
환경 변화에 따른 최적의 솔루션을 찾아라

어제와 오늘이 다른 것처럼 지금 이 순간에도 모든 것이 변화하고 있다. 때문에 가치 창조와 효율성 극대화를 위해 노력하는 기업들이 구하는 해답도 영구불변의 것은 아니다. 이것은 기업을 둘러싸고 있는 환경이 변화함에 따라 특정 환경에서 기업들이 구하는 최적의 해답은 얼마든지 달라질 수 있음을 뜻한다.

예를 들어 '갑'이란 환경에서 특정 기업이 최고의 성과를 거두게 해주는 해법을 A라고 하고, 제도, 공정, 관행, 관습 등을 A에 가깝도록 고침으로써 상당한 성과를 거두었다고 가정하자. 하지만 이런 노력들은 완성되는 순간 이미 과거의 것이 되어, 다가오는 새로운 환경에서는 이전과 같은 성과를 약속할 수 없다. 언제 어디서나 통할 수 있는 절대적인 해법이 존재하지 않기 때문이다.

많은 기업들은 막대한 컨설팅 비용을 지불하면서 컨설팅 회사로부터 최적치를 제안받고 이에 맞추어 기업의 이모저모를 고치는 데 성공하지만, 이 같은 성공은 또 다른 시작을 의미할 뿐이다. 기업 경영에서 절대불변하는 가설이나 원리, 원칙들은 이따금 존재할 수 있을지 모르지만, 실제 현장에서 적용되는 구체적인 대안에서는 존재하지 않는다. 끊임없이 환경 변화에 맞춰 최적의 솔루션으로 바꾸어야 하고, 또한 이것을 당연한 것으로 받아들여야 한다.

한 걸음 더 나아가, 언제 어디서나 최적치를 도출하는 데 도움을 주는 경영 원리나 원칙조차도 환경 변화에는 무용지물이 될 수 있다고 주장하는 사람들도 있다. 미국의 월간 경영 전문지 〈포춘〉은 세계의 모든 경영자들이 마치 금과옥조처럼 여겨왔던 잭 웰치의 경영 원칙들조차 기업 환경의 급속한 변화에 따라 쓸모없는 것이 되어버렸다고 말한다. 〈포춘〉의 수석기자인 배시 모리스는 '잭 웰치의 경영 지침서를 찢어버려라'는 기사에서 '오늘날처럼 빠르게 변화하는 경영 환경에서 오래된 원칙은 이미 구닥다리가 되었다'는 취지로 다음과 같이 역설하고 있다.

드디어 미국 기업들이 새로운 경영 지침서를 필요로 할 때가 왔다. 미국 기업의 리더들이 직면하고 있는 도전은 전(잭 웰치의 재임 때)보다 더욱 커지고 있음에도 불구하고 그들이 가진 통제력은 더 작아지고 있다. 게다가 직업의 안정성은 더욱 낮아지고 있다. 시장의 변화를 예상할 수 없을 뿐더러 헤지펀드와 사모펀드의 압박은 더욱 강해지고 있으며 동시에 중국이나 인도로부터의 경쟁 압력도 더욱 강화되고 있다. 이러한 경영 환경에서 과거의 원칙들이 이미 철이 지나가버렸음을 모두가 느끼기 시작하였다.

이제 잭 웰치와 그가 활동하던 시대를 정의하던 근본적인 가정에 대한 극적인 재검토가 이루어지고 있다. 시장점유율 강조가 중요한 지표인가? 회사의 단기적인 주가와 분기별 주당 수익이 CEO의 성공을 측정하는 최고의 잣대인가? 월가를 기쁘게 하기 위해 기업을 경영하는 방법들이 장기적인 기업 경쟁력에 해가 되는 결과를 초래하지는 않는가?

말할 필요도 없이 잭 웰치는 이런 주장들에 동의하지 않는다. 〈포춘〉이 최근에 그와 접촉했을 때에도 그는 전처럼 확신에 차 있었고 거침없이 말하였다. "변화는 대단한 것이며, 나는 완전히 변화할 준비를 갖추고 있다." 하지만 웰치는 그와 다른 스타 CEO인 코카콜라의 로베르토 고이주에타(Robert Goizueta)가 만들어냈던 경영 원칙들을 포기해야 할 아무런 이유가 없다고 말한다. 정확하게 이야기하자면, 잭 웰치는 "나의 경영 원칙은 영원히 유효하다"고 주장한다.

안됐지만 우리는 잭 웰치에게 동의할 수 없다. 잭 웰치나 고이주에타를 포함한 경영자들에게 성공을 가져다주었던 경영 원칙이나 기법들은 역사상 특정한 시간과 장소에 존재하는 문제들을 해결하기 위해 계발된 것들이다. 물론 그 같은 경영 방식은 효과를 발휘하였다. 오늘날 조직이 비대해지면 기업을 망칠 수 있다는 점에 아무도 의문을 제기하지 않는다. 아무도 주주를 경시하지 않는다. 하지만 그 같은 위협들은 그 중요성이 줄어들고, 새로운 위협들이 대두되고 있다.

지금 우리가 직면하고 있는 위험은 새로운 문제들에 대해서 오래된 해법을 적용시키고 있다는 점이다.[20]

다시 말하면 잭 웰치의 경영 원칙이 최적의 솔루션을 제시하던 기업 환경은, 선두 기업이 아닌 기업들이 사업 매각이나 포기 등과 같은 과감한 구조조정을 통해서 회생할 수 있었던 시절이었다. 그러나 기업 환경이 기업의 효율성 강화나 구조조정 등에서 신기술 개발과 새로운 경영 모델 개발 등으로 무게중심이 이동하고 있는 만큼 새로운 환경에 걸맞은 경영 원칙의 등장이 필연적이다. 이처럼 원칙이 흔들릴 수 있는 환경에서, 구체적인 실행 방법에는 더 많은 변화가 일어날 수 있음을 쉽게 예상할 수 있다.

물론 잭 웰치의 방식들이 모두 잘못된 것은 아니다. 하지만 특정 경영 원칙이나 기법을 성역화할 필요는 없으며 영원히 지속될 수 있는 영구불변의 해법은 존재할 수 없다는 점을 인지해야 한다. 환경이 변화함에 따라서 세상만사가 변화해가듯이 환경 변화에 따라 기업이 선택해야 할 최적의 솔루션 역시 변화할 수밖에 없다.

잭 웰치의 오래된 룰 vs 새로운 룰[21]
- 시장의 선두가 돼라 → 새로운 시장을 창조하라
- 몸집을 키워 시장을 장악하라 → 크기보다 민첩함이 중요하다
- 주주가 최고다 → 고객이 왕이다
- 최고의 인재를 등용하라 → 열정적인 사람을 고용하라
- 리더의 결단력을 강화시켜라 → 용기 있는 CEO가 필요하다
- 가볍고 날렵한 조직으로 혁신하라 → 혁신은 내부가 아닌 외부에 있다
- 능력을 소중히 여겨라 → 영혼을 소중히 여겨라

이제까지의 이야기를 쉽게 정리하기 위해 최적화에 대한 개념을 잠시 살펴보자. 특히 변화경영을 최적화 문제로 이해하는 데 크게 도움이 될 것이다. 우리는 의식적이건 무의식적이건 최적화를 바탕에 두고 생각하고 선택하며 행동한다. 이를테면 우리가 가진 시간이나 돈은 늘 제한적이므로 주어진 자원만으로 최고의 만족이나 성과를 얻기 위해 노력한다. 따라서 개인이든 기업이든 늘 최적화 문제를 풀기 위해 노력한다.

최적화 문제는 3가지 구성요소, 즉 목적함수, 제약조건, 선택변수로 구성된다. 선택을 하는 사람이나 기업은 제약조건에서 목적함수를 극대화하기 위해 선택변수의 최적값을 도출하고자 노력한다.

변화경영은 주어진 특정 시점에 이루어지는 '정태 최적화(static optimization)'가 아니라 시간의 흐름에 따라 최적값이나 최적의 해법이 달라지는 '동태 최적화(dynamic optimization)'이다. 다시 말해서 언제 어디서나 통용되는 변화경영의 해법은 없다. 시간의 흐름이나 상황의 변화에 따라 변화경영이 추구하는 최적의 해법은 달라지는 것이다.

06_
변화경영은 최적의 선택을
위한 과정

어느 시대나 변화라는 현상이 존재했음에도 불구하고 근래에 들어 우리가 더더욱 변화라는 현상에 주목하는 이유는 무엇일까? 이는 어떻게 하면 변화에 뒤처지지 않을 것인가와 한 걸음 더 나아가 어떻게 변화를 주도할 수 있을 것인가가 그만큼 절박한 과제라는 반증이다.

하지만 대다수의 기업들이 변화라는 측면에서 그다지 큰 성과를 내지 못하고 있다. 이런 현상을 보면서 필자는 기업들이 문제의 본질을 놓치고 있는 것이 아닌가라는 생각을 하게 된다. 다시 말해서 변화의 본질을 명확하게 파악해야 한다는 얘기다.

그런 면에서 필자는 변화의 관점에서 경영을 파악하기 위해 변화경영(change management)이라는 용어를 사용하고자 한다.

'경영'이란 단어 대신 '관리'라는 단어를 사용하여 '변화관리'라고 표현할 수도 있을 것이다. 하지만 필자가 굳이 '변화경영'이란 표현을 쓰는 것은 경영이란 단어가 변화의 의미를 보다 명확하게 드러내주기 때문이다. 변화경영의 목적은 변화에 관련된 모든 사람들의 집단적인 이익을 극대화하는 것이며, 변화가 가져올 수 있는 실패의 위험을 극소화하는 것이다.

우선 '관리(administration)'로 해석할 것인가, 아니면 '경영(management)'으로 해석할 것인가라는 문제에 대한 의견을 정리할 필요가 있다.[22]

관리의 사전적 의미는 '일정한 목적을 효과적으로 실현하기 위하여 인적, 물적 등의 요소를 적절히 결합하고 그 운영을 지도, 조정하는 기능 또는 작용'이다. 경영이란 단어와 크게 다르지 않은 것처럼 보일지 모르지만, 관리라는 단어에는 관리를 행하는 주체(관리자)와 관리의 대상이 되는 주체(피관리자)가 명확하게 나누어져 있다. 따라서 관리자가 관리 대상을 상대로 계획, 조직, 지시, 통제하는 행위를 일방적으로 행하는 의미를 갖고 있다.

그러나 변화는 지시를 하는 자와 일방적으로 지시를 받는 자가 명확하지 않다. 변화는 모두 함께 '참여'한다는 의미가 강하게 포함된다. 따라서 '변화관리'보다는 '변화경영'이란 용어가 더 적합하다. 따라서 재무, 생산에는 관리라는 단어를 붙이는 것이 어울리지만, 변화에는 오히려 경영이란 단어를 붙이는 것이 합당할 것이다.

필자는 변화경영에 대해 다음과 같은 정의를 내리고 싶다.

변화경영은 조직이 추구하는 목표를 달성하기 위해 조직의 모든 활동 영역에 걸쳐 개선과 혁신을 행하는 지속적인 활동이며, 이러한 선택은 특정 시간과 환경에 의존적이기 때문에 변화경영은 지속적이고 계획적으로 최적의 선택을 찾아가는 일련의 과정이다.

이 같은 변화경영에 대한 정의는 다음 6가지 요소로 구성되어 있다. 전체를 볼 때는 다소 모호하게 보일지라도 일단 숲을 파악하고 난 다음에 나무를 보는 자세로 하나하나 분리해서 이해하면 변화경영의 본질이 더욱 또렷하게 드러날 것이다.

첫째, 조직이 추구하는 목표를 가장 효과적으로 달성해준다. 어느 조직이든지 장기, 중기, 단기 목표가 있게 마련이다. 또한 중요한 목표와 그렇지 않은 목표가 섞여 있으므로 경영자는 목표의 경중을 가려서 일정한 가중치를 부여할 수 있어야 한다. 영리단체든 비영리단체든 모든 조직은 자신들이 스스로 결정한 목표를 달성하고 싶어 하므로 모든 조직은 변화경영을 과제로 삼을 수 있다.

둘째, 변화경영은 조직의 모든 영역을 대상으로 삼는다. 전통적으로 관리의 대상이 되어왔던 인사, 재무, 회계, 생산 등을 포함해 상품과 서비스의 생산부터 판매에 이르는 모든 영역이 변화경영의 대상이 될 수 있다. 물론 눈에 보이는 부분뿐만 아니라 조직 구성원의 변화와 브랜드 관리 등과 같이 눈에 보이지 않는 영역도 변화경영의 대상이 될 수 있다. 변화경영은 조직의 목표 달성에 필요하다면 얼마든지 그 적용 대상을 확장해갈 수 있다.

셋째, 변화경영의 주요한 도구는 개선과 혁신 활동이다. 최고의 성과를 내기 위해서는 개선과 혁신 활동이 필요하다. 여기서 중요한 과제가 도출되는데 변화경영은 결국 하드웨어의 변화가 아니라 이런 하드웨어 변화를 가져오는 추진력, 즉 사람에게 큰 비중이 주어진다. 이것은 변화경영의 큰 특징 가운데 하나이다. 개선이나 혁신에는 사람의 변화가 반드시 이루어져야 하기 때문이다.

넷째, 변화경영은 동태적이다. 어떤 해법을 최선의 노력을 다해 적용해서 상당한 성과를 거두었다 하더라도 이는 한시적일 수밖에 없다. 시간의 흐름과 그에 따른 환경 변화는 최적치 역시 변화한다는 사실을 의미한다. 한때는 최적치였던 것이 또 다른 시점에는 과거의 것이 되어버리므로 변화경영은 최적치를 찾아가는 일련의 과정이라 할 수 있다. 따라서 정태 최적화가 아니라 동태 최적화로 이해해야 한다.

다섯째, 변화경영은 지속성과 계획성을 기본으로 한다. 변화경영은 인사나 재무 등과 같이 관리의 성격이 강한 분야에 비해 상당히 많은 의외성을 가지고 있다. 다시 말해서 계획대로 착착 맞아 떨어지지만은 않기 때문에 예측하기 힘들다는 말이다. 재무나 인사 그리고 생산은 일종의 폐쇄 시스템적 성격이 강하므로 최적치가 크게 요동치는 경우는 드물지만, 변화경영은 오픈 시스템적 성격이 강하다. 왜냐하면 끊임없이 이루어지는 환경 변화가 변화경영의 대상에 지속적으로 영향을 미치기 때문이다.

여섯째, 변화경영을 시행하는 이유는 다양하다. 경영상 큰 문제는 없지만, 더 나은 성과를 내기 위해 변화경영을 시작하는 경우도 있다. 이런 경우는 '점진적'이란 형용사를 변화경영 앞에 붙일 수 있다. 하지만 주력 제품의 사양화가 명확해지고 조직의 존망이 걸린 상태에서 급격한 구조조정이 필요하거나 대형 합병 등이 이루어지는 변화경영에는 '급격한'이란 형용사를 붙일 수 있다. 이와 같이 각 기업의 상황에 따라 변화경영의 내용은 크게 달라질 수 있다.

전문가들의 견해

변화경영 분야에서 오랫동안 연구를 해온 전문가들은 변화경영에 대해 어떤 견해를 갖고 있을까? 다른 전문가들의 변화경영에 대한 정의를 살펴보는 것도 변화경영의 본질과 실체를 이해하는 데 도움이 될 것이다. 변화경영은 현장에서 적용할 수 있는 실용적인 성격을 가지고 있으므로 대다수 전문가들은 변화경영에 대해 명확한 정의를 내리는 경우가 드물다. 또한 정의를 내리지 않은 채 성공적인 변화경영을 가능하게 하는 구체적인 방법만을 다루는 경우가 대부분이다.

《변화에 대한 종업원들의 생존 가이드》를 집필한 제프 히아트와 '변화경영러닝센터'의 편집장으로 일하는 팀 크리시는 변화경영에 대해서 다음과 같은 정의를 내린다.

변화경영은 조직의 목표를 달성하기 위하여 조직의 인간적인 측면을 관리하거나 조직의 사회적인 기반 내에서 효과적으로 사업적 변화를 실현하는 프로세스, 도구 그리고 테크닉이다.[23]

변화경영을 2가지 접근 방법의 조합, 즉 조직의 변화와 사람의 변화를 포함할 때만 효과를 거둘 수 있음을 강조한 문장이다. 제프와 팀은 이를 두고 '엔지니어링 접근법'과 '심리적 접근법'이라는 용어

변화경영의 2가지 측면

	엔지니어링 접근법	심리적 접근법
초점	프로세스, 시스템, 구조	사람
실행 방법	비즈니스 리엔지니어링, TQM, ISO9000	인적 자본 관리, 조직 발전론
출발점	사업적인 문제와 기회	사람의 변화, 조직원의 저항
결과 측정	사업 성과, 재정적·통계적 결과물	직무 만족도, 이직률, 생산성
변화 관점	낙오자를 쏘고 부상자들을 옮겨라	변화가 그들에게 무엇을 의미하는지를 이해할 수 있도록 도와주어라

출처 Jeff Hiatt & Tim Creasey, "The definition and history of change management", www.change-management.com

를 사용하고 있다. 다시 말해서 변화경영은 조직의 프로세스, 시스템, 구조 등의 면에서 변화가 원활하게 일어날 수 있도록 돕는 일종의 하드웨어적 변화이다. 또한 변화경영은 심리적인 측면, 즉 사람 그 자체가 변화를 원활히 수용하고 적극적으로 변화경영에 동참하도록 만들어야 큰 성과를 거둘 수 있다. 이 2가지 접근 방법의 융합을 위해서 제프와 팀은 변화에 대한 엔지니어링 접근법과 심리적 접근법을 다음과 같이 나누어 설명하고 있다.

위 표는 우리가 흔히 사용하는 식스시그마, 비즈니스 리엔지니어링(BPR), 총체적 품질관리(TQM) 등과 같이 경영혁신 수단으로 널리 사용되는 방법론들이 변화경영을 성공적으로 달성하기 위한 수단과 도구라는 점을 보여준다. 하지만 이들 방법이나 도구를 제대로 조합해서 조직이 추구하는 성과를 최대한 올리는 데 이용하는 것은 좋지만, 식스시그마와 같은 혁신 기법들이 곧바로 변화경영을 의미하는 것은 아니라는 사실을 분명히 해야 한다.

제프와 팀의 정의에서 주목해야 할 부분은 변화경영의 실용적인 측면이다. 다시 말하면 변화경영의 궁극적인 목표는 조직이 추구하는 목표를 가장 효과적으로 달성하는 것이고, 이를 위해 다양한 프로세스와 도구, 테크닉을 사용하지만 정해진 모범답안은 존재하지 않는다는 점이다. 다양한 방법을 조합해서 자신에게 맞는 방법을 찾아내는 것은 변화경영을 추진하는 특정 개인이나 조직의 몫이다. 이를 두고 제프와 팀은 "다양한 경영혁신 기법들을 조합해서 자신에게 꼭 맞는 새로운 것을 만드는 것이야말로 핵심적인 경쟁력으로 간주될 수 있다"라고 강조한다.

변화경영의 사전적 의미

마지막으로 살펴볼 만한 정의는 사전적 의미이다. 변화경영에 대한 사전적 의미는, 전문가의 눈에 비친 변화경영이 아니라 일반인들에게 변화경영이 어떻게 비추어지고 있는지를 이해하는 데 도움이 될 것이다.

변화경영은 조직과 개인의 관점에서 변화를 다루는 하나의 체계적인 접근 방법이다. 다소 모호한 용어이긴 하지만, 변화경영은 변화에 대한 적응, 통제, 변화 발생과 같은 최소한 3가지 다른 관점을 갖고 있다. 변화를 다루는 적극적인 접근 방법은 3가지 관점의 중심에 있다. 예를 들어 어떤 조직에 있어 변화경영은 사업 환경에서 오는 변화 또는 변화의 기회로부터 새로운 비즈니스 기회를 활용할 수 있는 변화를 다루는 절차와 테크닉을 정의하고 실행하는 것을 뜻한다.

자연 세계에서와 마찬가지로 변화에 대한 성공적인 적응 여부는 하나의 조직에서 결정적이라 할 만큼 중요하다. 자연이나 동물처럼 조직과 개인 역시 어찌할 수 없는 변화 환경에 노출되기 때문에 변화를 잘 다루면 다룰수록 그만큼 더 번성하게 될 것이다. 한 조직의 변화경영은 경기 변동이나 경쟁자의 위협 등과 같은 환경 변화에 대응하는 적절한 '구조화된 방법'을 찾아내서 조직에 적용하는 것을 말한다. 뿐만 아니라 새로운 제도나 테크닉처럼 조직 내에서 변화에 대응하는 일종의 '극복 메커니즘'을 만들어내는 일도 포함한다.[24]

2장

변화경영의 핵심은 개인의 변화

당신은 현존하는 현실과 싸움으로써
어떤 것을 결코 변화시킬 수 없다. 어떤 것을 변화시키기를
원한다면 당신은 현재의 모델을 쓸모없는 것으로
만들어버리는 새로운 모델을 만들어야 한다.

You never change things by fighting the existing reality.
To change something, build a new model that makes the existing
model obsolete.

– 리처드 벅민스터 풀러(미국의 건축가 겸 발명가)

01_
변화는 개인의 판단과
선택에 의해 좌우된다

조직의 변화를 꾀하려는 노력을 기울이다 보면 변화의 성공 여부가 사람의 변화 여부에 달려 있음을 깨닫게 된다. 따라서 변화를 맞게 되었을 때 사람들이 어떤 심리상태를 경험하는지, 어떤 반응을 보이게 되는지 등을 잘 이해할 수 있다면, 변화 과정에서 큰 성과를 거둘 수 있을 것이다.

변화경영 전문가인 존 아담스 교수는 다양한 분야에 관한 컨설팅 경험을 바탕으로, 많은 조직들이 변화경영을 성공시키기 위한 야심적인 프로젝트를 진행함에도 불구하고 만족할 만한 성과를 거두지 못하는 이유들을 제시하였다. 결정적인 이유 가운데 하나로 '눈에 보이지 않는 부분', 즉 '인간이란 요인에 대해서 충분한 주의를 기울이지 않는 것'을 들고 있다.[1]

그리스의 철학자 헤라클레이토스는 "같은 강물에 발을 두 번 담글 수 없다"라고 말했다. 같은 강물처럼 보일지라도 강물은 계속해서 흘러가고 있기 때문에 어제와 오늘, 오전과 오후, 그리고 1분 전과 지금의 강물은 같은 것이 아니다. 주변 환경에 따라 계속해서 변화해가기 때문이다.

그러나 변화는 여기에 그치지 않는다. 이를 다른 측면에서 해석하면 강물을 바라보는 사람도 어제와 오늘, 오전과 오후, 그리고 1분 전과 지금이 다르다. 이는 외부 세계의 변화를 바라보고 이해하고 받아들이는 사람이 다르기 때문이다.

따라서 변화는 외부 세계에서 일어나고 있는 외부 환경의 변화라는 측면과 외부 세계의 변화를 해석하고 판단하는 내부 세계의 변화라는 측면을 동시에 가진다. 비슷한 상황에 처한 사람이라 할지라도 변화를 전혀 다르게 해석하고 받아들이는 것은 내부 세계의 변화가 사람마다 다르기 때문이다. 이처럼 내부 세계에서 일어나는 변화는 외부 세계의 변화에 대한 일종의 내적 반응이라 할 수 있다.

사업 실패, 해고, 생활고, 학업 부진, 사회적인 망신 등과 같은 어려운 상황에 직면하면 사람들은 저마다 그런 외적인 환경에 대해 내적인 반응을 보인다. 대부분의 사람들이 이때 변화를 있는 그대로 수용하고 재기의 길을 모색하지만, 이따금 죽음이라는 극단적인 방법을 선택하는 사람들도 있다. 이런 경우에는 외적인 환경에 그 원인이 있기보다는 외적인 환경 변화에 의해서 초래된 정신적인 장애에 원인이 있다고 볼 수 있다. 만일 이들이 외부의 환경 변화를 있는 그대로 받아들이는 나름의 방법을 갖고 있었더라면 죽음과 같은 현명하지 못한 선택을 하지는 않을 것이다.

사실 인생은 문제 해결의 연속적인 과정이며, 때에 따라서는 심리적인 긴장이나 스트레스의 위기에 직면하게 된다. 그런데 이 위기를 가져오는 조건에는 두 가지가 있다. 하나는 인간의 성장과 발달에 따라 필연적으로 직면하게 되는 위기(입학, 사춘기, 취직, 결혼, 자녀 교육, 갱년기, 정년 등 예상할 수 있는 위기)와 예상할 수 없는 위기(실업, 파산, 이혼, 교통사고, 급성질환, 친지의 사망 등)가 있으며, 그때마다 가장 적절한 '대응기제(coping-mechanism)'를 취하는 일이 필요하다.[2]

유대인 출신으로 3년간의 혹독한 강제수용소에서의 생존 경험을 바탕으로 자신의 이론 체계를 구축한 빅터 프랭클 박사의 연구는, 변화를 대하는 사람들의 반응이 제각각일 수밖에 없는 이유를 잘 설명해준다.

그는 "인간은 생물학적, 심리학적, 사회학적 여러 조건에 의해서 달라진다는 '결정론'에 반대하고 제 조건에 대해서 스스로 어떤 태도를 취할 자유를 갖고 있으며, 어떠한 환경에서나 정신적이고 영적인 면에서 자신의 길을 스스로 결정할 능력을 갖추고 있다"고 말한다.[3] 그는 한 인간이 세상에 태어나서 실현할 수 있는 가치를 3가지로 제시하는데 이들 가운데 하나가 바로 '태도 가치'이다. 이는 그가 가장 중요하게 여겼던 가치로, 인간은 어떤 환경과 상황, 그리고 운명 앞에서도 자신이 취할 수 있는 태도를 남의 강요가 아니라 자신의 자유의지로 선택할 수 있음을 말한다. 다시 말해서 인간은 자신의 인생을 상황이나 환경이 아닌, 스스로 내리는 결단과 선택에 의해서 만들어갈 수 있다. 프랭클은 수용소의 체험을 바탕으로 태도 가치에 대해서 이렇게 말한다.

인간이란 자신의 운명을, 그리고 그 운명이 몰고 온 괴로움을 어떻게 받아들이느냐, 또 어떻게 자신의 십자가를 매고 가느냐에 따라 가장 어려운 환경에서도 자기의 인생에 보다 심오한 의미를 부여하는 기회를 마련할 수 있다.[4]

　운명이나 역경과 같은 상황은 극단적인 변화를 이야기하는 것이다. 그러나 이를 조금 완화해서 우리가 일상에서 대하는 거의 모든 변화에도 '태도 가치'란 용어를 적용할 수 있다. 인간이 자유의지를 갖고 있는 한 변화에 대해서 부정이나 긍정을 표현할 수 있으며, 이는 전적으로 개인의 판단과 선택에 좌우된다. 그러므로 조직의 변화를 성공적으로 이끌어내기 위해서는 변화를 기꺼이 받아들일 수 있도록 개인을 설득하는 일이 무엇보다 중요하다.
　모든 변화는 개인에게 이제까지 익숙하지 않았던 특정한 행동을 요구하므로 변화에 대한 필요를 절감하지 못한다면 변화를 받아들일 수 없다. 따라서 변화경영의 사전 조치로서 개인이 변화의 필요성에 대해 절감할 수 있도록 해야 한다.

02_
변화를 받아들이는 태도는 다양하다

변화를 받아들이는 방식은 사람마다 제각각이다. 드물긴 하지만, 변화를 지극히 당연한 것으로 받아들이는 사람들은 변화의 불가피함을 이해하고 문제 해결을 위해서 직접 나선다. 하지만 대다수 사람들은 변화를 직시하지 않고 가능한 한 피하고 싶어 한다. 그리고 변화해야 할 것은 자신이 아니라 원인 제공자에 해당하는 사회, 회사, 상사 등이라고 생각한다.

성장 마인드 세트와 고정 마인트 세트

이 같은 차이가 발생하는 원인에 대해서 스탠포드 대학교의 심리학과 교수인 캐롤 드웩은 '마인드 세트'란 개념을 들어 설명한다. 세상에는 '성장 마인드 세트'를 가진 사람들이 있는 데 반해서 '고정 마

인드 세트'를 가진 사람들도 있다.[5]

성장 마인드 세트는 변화에 대한 믿음에 바탕을 두고 있기 때문에 성장 마인드 세트를 가진 사람들은 변화를 가져오는 원인이 무엇이든지 간에 변화하는 것 자체를 지극히 당연하게 여긴다. 따라서 그들은 변화에 대응해서 스스로의 생각, 행동, 지식 등을 끊임없이 바꾸어나간다.

하지만 고정 마인드 세트를 가진 사람들은 변화의 책임자가 자신이 아니라 다른 것들, 이를테면 공동체, 경쟁자, 기업, 경영자, 기술 등이라고 생각하기 때문에 최악의 상황에 몰리기 전까지는 좀처럼 변화하지 않으려 한다. 그들은 변화해야 할 것은 자신이 아니라 세상이라고 생각한다. 그리고 자신이 타인보다 더 좋은 무엇인가를 누릴 만한 충분한 자격이 있다고 생각한다. 그래서 이들에게 변화해야 하는 이유를 설득하기는 매우 힘들다.

누구나 위의 2가지 가운데 하나를 자신의 의지에 따라 선택하게 된다. 중요한 것은 마인드 세트라는 개념이 태어날 때부터 주어지는 것이 아니라는 점이다. 연령을 불문하고 누구든지 마음만 먹으면 성장 마인드 세트를 자신의 것으로 만들 수 있다. 그러므로 변화경영을 추진하는 사람들은 함께 일하는 사람들이 성장 마인드 세트로 무장할 수 있도록 도와주어야 한다. 캐롤 박사는 자신의 저서 말미에서 이런 제안을 하고 있다.

마인드 세트의 변화는 여기저기서 몇 가지 조언을 긁어모으는 것과는 관계없는 일이다. 그것은 사물이나 일들을 새로운 방식으로 보는 것과 관계가 있다. 사람들이, 말하자면 커플이나 친구, 부모와 자식, 선생과 학생들이 성장 마인드 세트로 변화할 때 그들은 '심판하고 심판받는' 틀에서 '배우고 배움을 돕는' 틀로 바뀐다. 그들의 헌신은 성장으로 모아진다. 그리고 그 성장에는 많은 시간과 노력, 상호 응원이 필요하다.

매일 당신의 앞에는 자신이 성장할 수 있는 길도 제시되고, 주변 사람들이 성장하도록 도울 수 있는 길도 제시된다. 그 기회들을 당신은 어떤 식으로 찾아낼 것인가? 매일 아침, 당신 앞에 놓인 하루를 응시할 때, 스스로에게 이런 질문을 던지도록 노력해보라. 그 질문들을 거울 위에 붙여 놓도록 하라.

"오늘 학습과 성장을 누릴 기회로는 어떤 것이 있을까? 나 자신을 위한 기회는? 그리고 내 주변 사람들을 위한 기회는?"

당신이 기회에 대해 이런 질문을 할 때 머릿속으로 계획을 세우면서 또 이런 질문을 던져라.

'그렇다면 언제, 어디서, 어떻게 나의 계획에 착수할 것인가?'

'언제, 어디서, 어떻게'는 그 계획을 아주 구체적이게 만든다. '어떻게'는 또한 당신에게 그 계획을 실천에 옮길 수 있는 모든 방법을 생각하도록 요구한다. 그렇게 하다가 불가피한 난관이나 실패에 봉착한다면, 새로운 계획을 세우고 이 질문을 다시 던져라.

'언제, 어디서 그리고 어떻게 새 계획을 좇아 행동할 것인가?'

당신의 기분이 제아무리 나쁘더라도, 그 계획에 따라 움직여라!(그것 또한 거울에 붙이도록 하라) 그리고 그 계획의 실천에 성공하면, 다시 한번 이런 질문을 던지는 것을 꼭 명심하라.

'이 성장을 고수하고 지켜나가기 위해서는 내가 어떤 행동을 해야 하는가?'

여기서 훌륭한 야구 선수인 알렉스 로드리게스가 한 말을 기억하도록 하자. "당신은 어쨌든 이 길 아니면 저 길로 가게 되어 있다. 이왕이면 당신이 그 방향을 정하는 주인이 되는 것이 낫지 않을까."[6]

변화가 발생하였을 때, 성장 마인드 세트가 변화에 대응하는 방법을 전부 가르쳐주지는 않는다. 그럼에도 불구하고 성장 마인드 세트는 어떤 종류의 변화에 직면하더라도 변화와 함께 나아가는 데 든든한 버팀목이 될 것이다.

이를 두고 캐롤 드웩은 "성장 마인드 세트로 바꾼 것이 나의 모든 문제를 해결해주었을까?"라는 질문에 대해 "꼭 그렇지만은 않다. 그러나 나는 그것 때문에 다른 삶을, 더욱 풍성한 삶을 누리고 있다는 사실을 잘 알고 있다. 그리고 성장 마인드 세트 때문에 내가 더 생생하고, 용기 있고, 열린 사람이 되었다"라고 말한다.

마이어 브릭스 유형지표

한편 마이어 브릭스 유형지표(MBTI, The Myers-Briggs Type Indicator)도 사람마다 변화에 대해 다른 반응을 보이는 이유를 설명해준다. 마이어 브릭스 유형지표는, 다양함 때문에 인간 행동이 복잡한 것처럼 보일지 모르지만 사실은 질서정연하고 일관된 패턴을 보인다는 심리학자 융의 심리유형론에 바탕을 두고 만들어졌는데, 성격 진단 혹은 성격 유형지표라고도 한다. 1921~1975년에 걸쳐 캐러린 브릭스와 그의 딸 이즈라엘 마이어 모녀에 의해 계발되어 오늘날까지 널리 사용

되고 있다.

MBTI는 성격 유형을 다음의 4가지 경향으로 분류한다.

첫째, 개인이 에너지를 끌어들이는 장소에 따라 외향형(E, Extraversion : 사교·활동)과 내향형(I, Introversion : 조용·신중)으로 나눈다.

둘째, 개인이 자료와 정보에 주의를 기울이고 이들을 수집하는 방법, 즉 세상에 대한 인식방법에 따라 감각형(S, Sensing : 경험·현실)과 직관형(N, Intuition : 영감·육감)으로 나눈다.

셋째, 개인이 의사 결정을 내리는 방법, 즉 판단 혹은 결정 방법에 따라 사고형(T, Thinking : 결과의 진실 여부에 관심)과 감정형(F, Feeling : 결과보다는 그에 따른 인간관계에 관심)으로 나눈다.

넷째, 개인이 즐기는 삶의 방식, 즉 이행 혹은 생활양식에 따라 판단형(J, Judging : 체계·정리정돈)과 인식형(P, Perceiving : 유연·개방)으로 나눈다.

이와 같은 4가지 선호지표를 조합하여 모두 16가지 성격유형으로 나눈다.

16가지 성격유형을 통해 변화와 이로 인한 반응에 대한 의미를 찾아낼 수 있다. 특정 선호지표를 가진 사람들은 변화에 대해서 다른 반응을 보인다. 변화에 대한 반응을 중심으로 살펴보면 다시 네 그룹으로 나눌 수 있다.[7]

첫 번째 그룹은 IS로, '신중한 현실주의자'이다. 이들은 변화에 대해서 조심스럽게 대한다. 두 번째 그룹은 IN으로, '신중한 혁신가'이다. 이들은 일이 어떻게 되어야 하는지에 대한 개념을 만들어낸다. 세 번째 그룹은 ES로, '행동 중심 현실주의자'이다. 이들은 변화에 대한 열정을 갖고 변화가 완결되도록 노력한다. 마지막으로 네 번째

MBTI 유형	IS(신중한 현실주의자)	IN(신중한 혁신가)
최고의 관심	실용성	사고, 아이디어, 개념
배우는 방법	독서와 관찰(실용 가능성)	독서, 청취, 관련성(개념적으로)
변화를 위한 에너지 투입	변화를 위해 무엇이 유지되고 필요한지 결정	새로운 아이디어와 이론 창출
모토 혹은 슬로건	"문제가 되지 않으면 개입할 필요 없다"	"미리 생각하라"
MBTI 유형	ES(행동 중심 현실주의자)	EN(행동 중심 혁신가)
최고의 관심	행동	일을 하는 새로운 방법
배우는 방법	실험과 직접 해보기	창조적으로 다른 사람과 함께
변화를 위한 에너지 투입	일을 조금 더 나은 상태로	새로운 아이디어를 적용
모토 혹은 슬로건	"지금 바로 행하자"	"그것을 바꾸자"

출처 Esther Cameron & Mike Green, 2004, p.45.

그룹은 EN으로, '행동 중심 혁신가'이다. 이들은 새로운 영역으로 진출하려는 욕구를 표출한다. 이를 정리하면 앞의 표와 같이 요약할 수 있다.

변화에 대한 개인의 반응을 결정하는 5가지 요인

변화에 대한 개인의 반응은 다음 5가지 요인에 큰 영향을 받는다.[8]

첫째, 변화의 성격. 개인이 직면하게 된 변화가 일시적인 변화인지 오래 지속되는 변화인지, 내부에서 생겨난 변화인지 외부에서 생겨난 변화인지, 점진적인 변화인지 혁명적인 변화인지, 반복적으로 지속되는 변화인지 일회성 변화인지, 평범한 변화인지 이례적인 변화인지, 확장 성격을 지닌 변화인지 축소 성격을 지닌 변화인지에 따라 개인의 반응은 달라질 수 있다. 변화의 성격에 따라 개인이 변화를 대하는 태도와 행동 역시 달라질 수밖에 없다.

둘째, 변화의 결과. 변화의 결과를 미리 정확하게 알 수는 없다. 그러나 변화를 대하는 개인들은 나름의 방법으로 변화가 가져올 수 있는 결과를 예상한다. 변화가 자신에게 끼칠 수 있는 이익은 무엇이며 손해는 무엇인지, 그리고 변화로 인해 손해를 보는 사람은 누구이고 이익을 보는 사람은 누구인지를 생각한다. 손해가 확실하고 클수록 그만큼 변화에 대한 저항도 커질 수밖에 없다.

셋째, 변화를 대하는 개인의 특성 혹은 스타일. 앞에서 살펴본 바와 같이 성장 마인드 세트를 가진 사람과 고정 마인드 세트를 가진 사람은 당연히 다른 반응을 보이게 될 것이다. 그리고 마이어 브릭스 유형지표에 따른 신중한 현실주의자, 신중한 혁신가, 행동 중심 현실주의자, 행동 중심 혁신가 모두 변화에 대해서 다른 태도를 보인다. 뿐만 아니라 개인에게 동기를 부여하는 다양한 요인인 돈, 권력, 지위, 인정 등에 대해 어떤 가중치를 두고 있는가에 따라서도 다른 반응을 보인다.

넷째, 개인의 역사. 변화에 대응하는 능력 역시 학습과 경험을 통해서 성장한다. 어떤 변화를 통해 성공한 경험을 갖고 있다면 변화에 대해 부정적인 태도를 갖게 될 가능성이 낮을 것이다. 변화를 성공적으로 다루어본 경험을 가지고 있을 경우, 피할 수 없다면 기꺼이 받아들여서 이용해야 한다는 점을 이미 알고 있기 때문이다.

다섯째, 개인이 몸담고 있는 조직의 역사. 조직이 과거에 여러 가지 변화 경험을 어떻게 다루어왔는지, 조직이 변화를 다루는 문화를 가지고 있는지, 조직이 변화를 효과적으로 다룰 수 있는 경영진과 그 밖의 구성원을 소유하고 있는지, 그리고 조직이 직면하게 될 미래의 모습 등도 개인이 변화를 대하는 반응이나 태도에 영향을 미친다.

03_
변화에 대한 저항의 징후를 살펴라

사람들은 대개 변화에 대해 탐탁치 않은 반응을 보이거나 때로는 강하게 저항한다. 이것을 '변화에 대한 저항'이라 부른다. 따라서 변화로부터 최대의 성과를 얻을 수 있는지의 여부는 변화에 대한 저항을 최소화하고 구성원들로부터 변화에 대한 지지를 이끌어낼 수 있는지에 따라 좌우된다.[9]

변화에 대한 저항은 '변화로부터 예상되는 효과나 실제 효과로부터 자신을 보호하기 위해 의도된 행동'[10] 혹은 '현 상태를 변화시키려는 압력에 맞서 현상태를 유지하기 위한 행동'이라는 것이 전통적인 정의다.

그러나 일부 전문가들은 변화에 대한 저항을 행동에 국한시키지 않고 더 넓은 의미로 해석해 '과거의 경험적인 연구에 대한 검토는 저항의 개념화 작업에 있어서 3가지 다른 국면, 즉 인지 상태, 감정

상태, 행동에서의 저항'을 뜻한다고 말한다.[11] 예를 들어 어떤 개인이 변화에 저항한다는 것은 적극적인 의미의 저항이라기보다는 단순히 주저함에 가까울 수 있다. 이를테면 변화에 대한 부정적인 생각이나 믿음 때문에 저항하는 것이다.

사람들은 변화하는 것보다 변화하지 않는 것이 '자연상태(default state)'에 가깝기 때문에 변화해야 하는 상황이 닥치더라도 변화하지 않고 변화 이전의 상태에 머물러 있는 것을 편안하고 자연스럽게 받아들인다. 그러므로 변화해야 하는 상황에 직면하면 많은 사람들이 스트레스를 느낀다. 스트레스에 대한 직접적인 대처 수단을 갖지 못한 사람들은 변화로 인한 압력, 좌절, 갈등, 불안 등을 자신을 속이는 방법으로 감소시키려고 한다. 일종의 방어기제가 발동하는 것이다. 프로이트와 같은 학자들은 방어기제에 대해 무의식적인 부분이라고 하지만, 의식적인 부분도 배제할 수 없다. 의식적이든 무의식적이든 간에 방어기제는 스트레스에 대한 대처 수단을 제공한다.

스트레스는 변화로 인해서 사람이 경험하는 하나의 현상이다. 이런 스트레스가 주어졌을 때 사람들이 선택하는 흔한 반응 가운데 하나는 '거부' 해버리는 것이다. 다시 말하면 스트레스를 일으키는 변화를 정확히 인식하고 이를 해결하기 위해 노력하기보다는 변화 자체를 마치 없는 것처럼 거부해버리는 것이다. 거부와 같은 반응 이외에도 다양한 행동이 나올 수 있는데, 이를 하나로 묶어서 '변화에 대한 저항의 징후들'로 정리해보자.[12]

변화에 대한 소극적인 저항의 징후들

- 말로는 변화에 동의하지만 돌아서서는 반대한다.
- 열의를 갖지 않은 채 하는 둥 마는 둥 변화에 참여함으로써 성과를 내는 데 실패한다. '해보았지만 소용이 없었다'는 표현을 자주 사용한다.
- 일부러 변화에 필요한 조치를 미루거나 연기함으로써 변화의 추진을 방해한다.
- 변화를 위해서 무엇을 어떻게 해야 하는지를 실제로 잘 알고 있지만 모르는 것처럼 행동한다.
- 변화를 추진하는 동료를 도와줄 수 있음에도 불구하고 관련 정보, 도움, 제안, 지원 등을 하지 않는다.
- 사보타지 형식으로 수수방관하거나, 변화가 실패하도록 적극적으로 개입하지는 않지만 묵시적으로 방치한다.
- 변화를 추진하는 사람들이 알아차릴 정도로 회의나 공식 석상에서 시큰둥한 태도와 반응을 보인다.

변화에 대한 적극적인 저항의 징후들

- 변화의 불필요함이나 부당함에 대해서 적극적으로 비판한다.
- 변화가 가져올 수 있는 결과가 잘못될 것을 예견할 뿐만 아니라 변화 추진 과정의 다양한 국면에서 약점을 찾아내 주변 사람들에게 알린다.
- 변화를 시도하는 것 자체에 대해 냉소적인 태도를 보일 뿐만 아니라 타인에게도 이를 널리 알리고 동참을 유도한다.
- 변화가 가져올 수 있는 불확실함과 이로 인한 피해를 과장해서 이야

기한다.
- 변화와 관련된 각종 사실들 가운데 자신에게 유리한 것만을 선택해서 자신의 주장이 타당함을 입증하는 데 사용한다.
- 변화를 추진하는 사람들을 대놓고 비난하거나 비판한다.
- 변화를 추진하는 사람들의 업무를 대놓고 사보타지한다.
- 변화에 적극적으로 동참하는 사람들을 위협하거나 구슬려 변화 반대 측에 가담하도록 유도한다.
- 변화와 관련된 사실들을 왜곡하거나 조작하여 변화를 반대하는 데 도움이 되도록 한다.
- 변화를 추진하는 사람들을 모함할 목적으로 루머를 만들어 적극적으로 퍼뜨린다.
- 변화를 추진하는 사람들과 다투거나 의도적으로 주위 사람들의 주목을 받기 위한 행동을 취한다.

04_
사람들은 왜 변화에 저항할까

변화에 대한 저항의 징후를 불러일으키는 원인이나 이유는 무엇일까? 저항의 징후를 만드는 원인을 제대로 파악하고자 한다면, 무엇보다 사람들의 마음 상태, 이를테면 변화를 대하는 개인의 믿음, 느낌, 가치들을 이해할 수 있어야 한다.

대부분의 사람들은 자신이 익숙한 상황에서 떠나기를 주저한다. 인간이란 본래 익숙하지 않은 것에 대해서는 의심을 갖기 때문이다. 사람들은 대부분 오래되고 익숙한 것에서 새롭고 익숙하지 않은 상태로 들어가는 것을 걱정한다. 특히 새로운 것을 배워야 하거나 미래의 리스크를 안아야 하는 경우에는 더욱 그렇다.[13]

조직적 변화가 일어날 때 개인이 이를 받아들이길 주저하는 이유

가운데 무시할 수 없는 것이, 새로운 것을 배워야 한다는 점이다. 새로운 것을 배워야 하는 수고가 따를 것이라는 사실은 명확한 데 반해, 이로 인해 자신에게 주어지는 혜택이나 이득에 대해 제대로 알지 못하는 경우가 많기 때문이다.

물론 새로운 것을 배우고 익히면서 리스크를 기꺼이 안는 사람들도 있지만, 대다수가 그렇지 않기 때문에 변화에 대한 저항이 일어난다. 이런 경우에도 사람들은 합리적이고 이성적으로 변화가 불가피하다는 사실을 알아차릴 수 있다. 그러나 아는 것과 실천하는 것은 다르다. 예상할 수 없는 결과가 기대되는 새로운 방법을 시도하려면 큰 용기가 필요하다.

국제경영개발연구원에서 변화 프로그램 소장으로 있는 폴 스트레벨은 고용된 사람이 고용주와 맺은 '개인적인 약속들'이 깨지는 데 그 원인을 돌린다.[14]

개인적인 약속들은 조직의 구성원과 조직 사이에 맺어진 관계의 핵심이다. 이것은 묵시적이든 공시적이든 간에 상호 계약에 의해 정의된다. 조직의 상층부가 주도할 수밖에 없는 변화는 이제까지 개인과 조직 사이에 맺어져왔던 개인적인 약속들이 깨지는 것을 뜻한다. 이때 개인적인 약속들은 공시적, 심리적, 사회적 차원으로 구성된다.

공시적 차원은 우리들에게 익숙한 것들로 조직과 개인 사이의 권리와 의무 관계를 정리해둔 것으로, 예를 들어 고용 계약과 성과 보수 체계에 대한 계약 등을 포함한다. 심리적 측면은 상호 간의 신뢰, 충성도, 상호 약속 등을 바탕으로 이루어지는 관계다. 그리고 사회적 차원은 조직 문화와 관련해 개인이 약속한 것들, 이를테면 비전, 미션, 가치, 윤리, 행동 수칙 등을 포함한다.

모든 변화는 어떤 형식으로든 이 3가지 차원에 걸쳐서 일어난다. 또한 상호 협의를 통해서 이루어지는 변화라기보다는 조직의 필요에 따라 일방적으로 추진되는 경우가 대부분이다.

변화를 추구하는 경영자들에게 폴 스트레벨은 종업원의 관점에서 개인적인 약속들이 어떻게 비추어지는가를 면밀히 따져볼 것을 권한다. 그는 "경영자가 변화를 위해 새로운 개인적인 약속을 해야 할 상황이 불가피하다면, 종업원들이 그것을 받아들일 수 있도록 설득해야 한다. 만약 그렇지 않는다면 종업원들이 변화에 완전히 동참하기를 기대하는 것은 비현실적이다"고 지적한다.[15]

그리고 에드가 셰인(Edgar Schein)은 변화가 3단계에 걸쳐서 일어난다는 주장을 펼쳤다.[16] 변화해야 하는 상황이 전개되면 개인에게는 반대 방향으로 작용하는 2가지 힘이 생겨난다. 첫 번째 힘은 변화에 저항하도록 만드는 '학습에 대한 두려움'이고, 또 다른 힘은 변화를 촉진하도록 만드는 '생존에 대한 두려움'이다. 학습에 대한 두려움은 '내가 새로운 것을 과연 제대로 배울 수 있을까?' 등과 같은 의문과 함께하는 데 반해서, 생존에 대한 두려움은 '내가 변화하지 않는다면 어떤 일이 일어날까? 뒤쳐지지 않을까?' 등과 같은 두려움이다.

셰인이 변화를 추진하는 사람들에게 제안하는 내용은 생존에 대한 두려움이 학습에 대한 두려움보다 커야 한다는 것이다. 그러기 위해서는 생존에 대한 두려움을 증가시키기보다는 학습에 대한 두려움을 감소시켜야 한다고 조언한다. 학습에 대한 두려움을 감소시키는 방법으로 미래에 대한 확고한 비전, 정규적인 트레이닝, 가르치는 사람의 관여, 함께 일하는 사람들과 함께 행해지는 비공식적인 훈련, 긍정적인 역할 모델, 지지 그룹, 일관된 시스템과 구조 등이 있다.

한편 변화에 대한 저항의 원인에 대해 기존의 시각과 달리 완전히 새로운 시각으로 접근하는 사람도 있다. 로버트 키간과 리자 라히는 이른바 '경쟁적인 약속들'이야말로 변화에 대해 조직 구성원이 저항하는 진정한 원인이라고 말한다.[17]

변화가 추진됨에도 불구하고 사람들이 변화에 무덤덤한 데는 뿌리 깊은 이유가 있다. 즉 자신이 변화에 저항하는 특정 행동에 관여할 때 그 행동의 원인이, 자신의 내적인 믿음에 바탕을 두고 있을 때이다. 이 같은 믿음이 밝혀져서 치유되지 않는다면 실질적인 변화가 일어나기는 힘들다. 사람들은 알게 모르게 자신과 세상에 대해 뿌리 깊은 믿음 체계를 갖고 있으며, 대다수 사람들은 자신이 어떤 믿음 체계를 갖고 있는지 모른다.

변화가 추진되었을 때 변화에 저항하는 원인들은 다음과 같이 정리할 수 있다.[18]

- 변화를 싫어한다. 새로운 것을 배워야 하고 새로운 환경에 적응해야 하기 때문에 변화를 좋아하는 사람은 드물다.
- 불확실성에 대한 불만. 모든 변화는 불확실함과 모호함을 가져오기 때문에 다수의 사람들은 변화를 싫어한다.
- 변화는 단기적인 이익을 가져다주지 않는다. 오히려 지위, 보수, 보상, 그리고 사회적 연대 등의 면에서 변화는 부정적인 효과를 끼칠 수 있기 때문에 변화를 싫어한다.

- 변화는 익숙한 문화나 일하는 방식 등에 있어서의 변화를 요구한다. 그런 만큼 익숙한 것을 버려야 하는 고통이 따르며, 그 때문에 변화에 대해 저항하게 된다.
- 변화는 심리적인 연대 관계에서 일정한 해체가 불가피하다. 기존 인간 관계가 조정되어야 하고 이로 인해 심리적인 갈등이 생기기 때문에 변화를 싫어한다.
- 변화를 해야 할 충분한 이유를 납득하지 못한다. 변화는 확신을 필요로 하는데 이런 부분에서 문제가 발생한다.
- 변화를 위해서 자신이 무엇을 해야 할지 정확히 알지 못하는 경우에도 변화에 저항하게 된다.
- 변화를 위해 제안된 특정 행동이 잘못되었다는 개인적 믿음 때문에 변화를 싫어한다.
- 변화를 시도해야 할 적당한 시점이 아니라고 생각하기 때문이다.
- 감내할 수 없을 정도로 과도한 변화가 시도되는 경우에도 변화에 저항하게 된다.
- 시도하는 변화가 개인적으로 갖고 있는 윤리나 믿음에 충돌하기 때문이다.
- 과거의 변화 경험에서 그다지 좋은 이미지를 갖고 있지 않은 경우 모든 변화에 대해 부정적인 시각을 가질 수 있다.
- 변화가 추진되는 방법에 대해서 동의할 수 없는 것도 한 가지 이유가 된다.
- 변화에 대한 피로 증세가 나타나는 경우, 거듭된 변화 때문에 변화 자체에 대해서 부정적인 시각을 갖게 되는 것이다.

따라서 사람들로 하여금 변화에 기꺼이 동참하도록 유도하기 위해서는 안전, 돈, 지위, 책임감, 더 나은 근로 환경, 자기만족, 더 나은 개인 관계, 노동시간 단축 등이 보장되어야 한다. 사람들은 이러한 대가가 주어질 때 변화에 기꺼이 동참한다.

한편 변화에 대한 저항은 일반적으로 부정적인 의미를 지니고 있다. 그렇기 때문에 저항은 제거되어야 할 대상이라 여겨지기 쉽다.

그러나 변화에 대한 저항을 다른 시각으로 볼 수도 있다. 잘못된 방향이나 지나치게 급격한 변화를 시도하는 경영층에게는 변화에 대한 저항이 일정한 체크 기능으로 작용할 수 있다. 다시 말해서 저항에 직면한 경영층들이 다시 한번 자신들이 시도하는 변화가 제대로 된 것인지 생각해볼 기회를 갖게 되기 때문이다. 그래서 "저항은 매우 효과적이고 강력하고 유용한 생존 메커니즘이다"라고 정의하는 사람도 있다.[19]

05_
변화를 받아들이는 5단계

모든 변화는 환영보다는 저항으로부터 시작된다. 따라서 저항은 모든 변화에서 관찰할 수 있는 자연스러운 심리적 과정이라 할 수 있다. 1960년대 시카고 대학의 심리학자 엘리자베스 퀴블러 로스는 변화에 대한 개인의 심리적 프로세스를 제시하였다. 그는 자신의 연구를 통해서 어떤 개인이 외부에서 주어지는 변화를 경험하게 될 때, 다양한 내부적인 심리 상태를 경험하게 된다고 말한다. 그가 1968년 발간한 《죽음의 순간(On Death And Dying)》은 불치병 때문에 시한부 인생을 선고받은 환자가 어떤 심리적 변화를 경험하는지를 분석해 놓았다.

평소에 건강을 자신하던 사람이 이상 징후가 나타나 '검사나 한번 해볼까' 라는 가벼운 마음으로 진찰을 받았는데, 막상 의사로부터 몇 달 남지 않았다는 청천벽력 같은 선고를 받으면 거의 모든 사람이 보이는 첫 반응은 사실을 인정하지 않으려는 것이다.

"그럴 리가 없어, 아마도 오진일 거야. 오진인 경우가 많잖아"라는 반응을 보인다. 그런 다음에는 '왜, 그 많고 많은 사람들 가운데서 나인가! 나보다 훨씬 악한 사람도 많은데!' 라고 생각한다. 좀 더 시간이 흘러가면 병과 일종의 타협을 하게 된다. "병만 고칠 수 있다면 무엇이든지 다 하겠습니다"라는 반응을 보이는 것이다. 그러다가 조금 더 시간이 지나면 깊은 침체기에 빠져 누구와도 말을 나누려고 하지 않는다. 그리고 마지막 단계에 가서는 모든 것을 포기하고 자기 자신에게 주어진 운명을 그대로 받아들인다.

불치병을 선고받은 환자가 겪는 이 같은 심리적 과정이 실직이나 구조조정 등과 같은 큰 변화에도 적용될 수 있는지에 대해서는 논란의 여지가 있다. 하지만 엘리자베스 퀴블러 로스의 연구 이후 계속된 연구에서, 큰 변화를 경험하는 개인들이 대부분 5단계를 경험하게 된다는 사실이 드러났다. 정도의 차이가 있을지 모르지만 변화라는 일종의 쇼크를 대하게 되었을 때 사람들이 보이는 반응은 다음과 같다.

- **1단계(거절)** 갑작스러운 변화는 대개 좋은 소식보다는 나쁜 소식인 경우가 많다. 이때 사람들은 문제를 직시하려고 하지 않는다. 시간이 흘러가면 없어질 것이라고 생각해버린다. 하지만 인정하지 않아도 심리적으로는 슬픔과 충격을 경험하게 된다.
- **2단계(분노)** 설령 변화가 불가피하다는 것을 인정하더라도 아직 분노가 지배하는 단계이다. 분노는 일반적으로 변화를 가져온 외부 환경

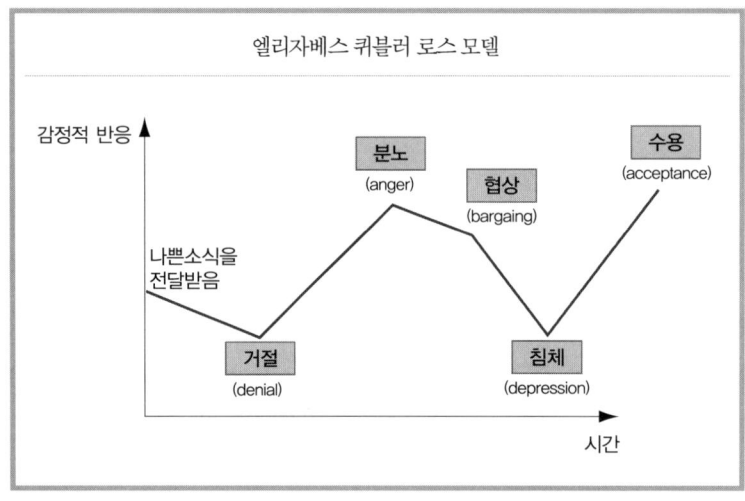

에 대한 것이지만, 때로는 적절한 조치를 사전에 미리 취하지 못한 자기 자신에 대한 것일 수도 있다. 이 단계에서는 변화에 대한 어떤 노력에도 협조하지 않는다.

- **3단계(협상)** 분노가 어느 정도 진정되는 국면으로, 스스로 상황이나 사실에 대해서 통제할 필요를 강하게 느끼는 단계이다. 문제를 직시하고 문제 해결 방법을 생각하기 시작하는 단계에 해당한다. 이 단계에서 변화를 경험하는 개인은 다른 사람들과 대화를 나누면서 문제 해결을 모색한다. 필사적으로 해결책이나 해결에 도움이 될 수 있는 사람을 구하고자 한다.

- **4단계(침체)** 협상이 실제로 문제 해결에 큰 효과가 없으며, 어쩔 수 없이 변화를 받아들여야 한다는 사실이 명백해지면 침울한 상황에 빠져든다. 더 이상 되돌릴 수 없는 상황을 담담히 받아들이고 자신이 포기해야 하는 것에 대해 슬퍼한다. 이 단계에서 무기력한 상태에 빠지는

경우가 많다.

- **5단계(수용)** 궁극적으로 실망 상태가 오래 계속될 수 없음을 알고, 최종 단계인 다섯 번째 국면에 접어든다. 행복하지는 않지만, 변화가 가져오는 모든 상황을 받아들이고 문제 해결을 위해 나선다. 이 단계에서 사람들은 희망, 두려움, 불안감 등에 대한 모든 감정들을 완전히 받아들인다.

3장

변화경영 방법론

우리의 삶을 바꾸는 유일한 방법은
우리의 마음을 바꿈으로써 가능하다.

The only way to change our lives is by changing our minds.

- 로스 쿠퍼(호주의 교육자)

••••

변화경영을 추진하거나 관심을 가진 사람이라면,
전문가들이 제시한 변화경영의 방법론에 관심을 가져야 한다.
변화경영이라는 구체적인 문제 해결책은 이를 이론화한
방법론으로부터 큰 도움을 받을 수 있다.
모두 6인의 대표적인 전문가의 이론을 소개한다.

01_
르윈의 3단계 모델
변화 친화적인 힘을 증가시켜라

현대 사회심리학과 조직발전론의 아버지라 불리는 사회학자 커트 르윈은 처음으로 조직변화에 대한 이론적 틀을 제시한 인물로, 지금까지도 많은 전문가와 실무자 사이에 그의 이론적 틀이 인용되고 있다.[1]

그는 어떤 조직이 변화를 시도해야 하는 상황에 도달하면 변화를 기꺼이 환영하고 받아들이며 변화에 동참하려는 '변화 친화적인 힘'과 이를 거부하고 저항하는 또 다른 방향의 힘, 즉 '변화 저항적인 힘'이 작용하는 것으로 가정하였다. 두 방향의 힘이 서로 반대 방향으로 작용함으로써 조직에는 갈등이 생겨나고, 이때 변화가 제대로 일어나기 위해서는 반드시 '변화 친화적인 힘'이 '변화 저항적인 힘'을 압도할 수 있어야 한다.

르윈에 의해 제시된 '변화 추진력 필드 분석'은 이런 주장을 하나

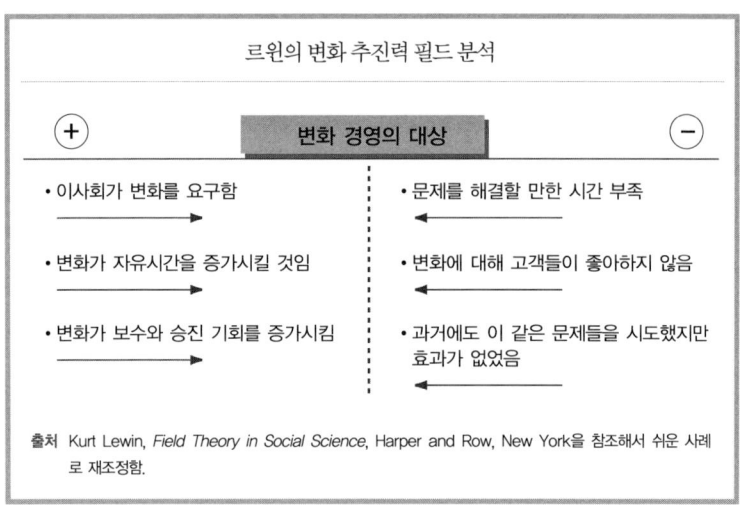

출처 Kurt Lewin, *Field Theory in Social Science*, Harper and Row, New York을 참조해서 쉬운 사례로 재조정함.

의 이론으로 정립하였는데, 이는 변화를 일으키고 저항하는 힘과 조건을 조사하기 위한 방법이다.[2]

어떤 조직을 움직이는 경영자가 변화를 시도할 때, 경영자가 제안하는 변화의 방향에 대해 함께 일하는 사람들이 모두 일사불란하게 동참하지는 않는다. 위 그림에서 플러스로 표시된 왼쪽에는 '변화 친화적인 힘'을 기록하고 마이너스로 표시된 오른쪽에는 '변화 저항적인 힘'을 기록한다.

르윈은 이 그림을 이용해서 '필드 이론'을 설명하고 있는데, 그림의 맨 위쪽 중앙에는 변화와 관련된 문제, 즉 변화 관련 이슈를 정리할 수 있다. 이를테면 '영업 조직 개편', '생산성 향상', '성과 보상 시스템 개정' 등과 같이 공정이나 제도 개선과 같은 문제가 놓일 수도 있고, '영업 성적 ○○퍼센트 향상'과 같은 숫자가 놓일 수도 있다.

왼쪽과 오른쪽에 각각의 힘을 표시하고 힘의 강도가 센 쪽은 중앙을 향한 화살표를 더 길게 표시한다. 이처럼 특정한 변화를 시도할 때 어떤 힘이 반대로 작용하고 있는지 시각적으로 확인할 수 있으면 이 가운데 특히 강한 것이 무엇인지 금방 파악할 수 있다. 동시에 각각의 힘을 표시할 때도 중요도에 따라 우선순위를 매겨서 '변화 친화적인 힘'과 '변화 저항적인 힘'을 각각 기록할 수 있다.

이때 경영자는 변화에 성공하면 개인에게 어떤 혜택이 주어지는지 등을 적극적으로 홍보해야 한다. 이 같은 행동은 '변화 친화적인 힘'을 증가시키는 일련의 활동들로, 변화를 추진하는 사람들이 주도해야 한다. 동시에 사람들이 기꺼이 변화에 참여하는 것을 방해하는 어려움들을 찾아내서 해결하는 데도 힘을 쏟아야 한다. 예를 들어 조직원들에게 새로운 방법을 학습할 수 있는 시간과 기회를 제공해야 한다. 이 같은 활동들은 '변화 저항적인 힘'을 줄이는 활동이다.

요컨대 변화를 추진하는 경영자들은 우선 변화와 관련된 힘을 정확히 분석한 다음에 '변화 친화적인 힘을 증가시키는 활동'과 '변화 저항적인 힘을 감소시키는 활동'을 동시에 추진할 수 있어야 한다.

르윈은 변화경영에 중요한 이론적 틀을 제시한 최초의 인물이라 할 수 있다. 특히 조직에서 계획된 변화를 성공적으로 이끌기 위해 3단계가 필요하다고 주장한다. 이를 두고 필자는 '르윈의 변화경영 3단계 모델'이라고 이름 붙이고 싶다.

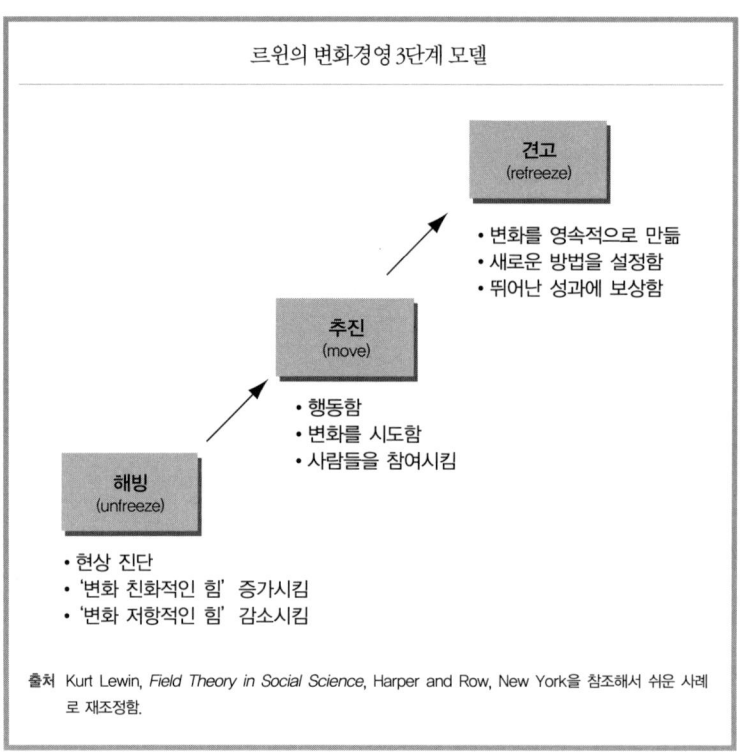

출처 Kurt Lewin, *Field Theory in Social Science*, Harper and Row, New York을 참조해서 쉬운 사례로 재조정함.

1단계 : 해빙단계

현재의 상태를 바꾸는 단계로, 이를 위해 현재의 상황을 정확하게 진단하고, 조직이 변화를 통해 도달하고자 하는 이상적인 상태, 즉 목적지를 결정해야 한다. 그다음에는 그런 변화를 추진하는 과정에서 만나게 될 '변화 친화적인 힘'과 '변화 저항적인 힘'이 무엇인가를 명확히 해야 한다.

2단계 : 추진단계

'변화 친화적인 힘'을 강화하고 '변화 저항적인 힘'을 억제함으로써 이상적인 상태를 향해 나아가는 단계로, 행동을 통한 실천이 매우 중요하다. 이 단계에서 조직은 다양한 변화를 통해 달성하려는 목표에 도달하고자 노력하게 된다. 이때 조직은 다음과 같은 3가지 행동으로 추진 단계의 성공을 위해 노력할 수 있다.

첫째, 조직 구성원들에게 변화 이전의 상태에 머무는 것이 자신들에게 결코 이롭지 않다는 점을 알려주고, 자신들이 갖고 있는 문제나 상황을 새로운 시각으로 바라볼 수 있도록 권한다. 둘째, 조직 구성원들이 문제 해결이나 상황 타개에 도움이 될 만한 새로운 정보나 관련 정보를 적극적으로 모을 수 있도록 돕는다. 셋째, 조직 구성원들의 노력은 변화를 적극적으로 지지하고 신망을 얻고 있는 지도자로부터 충분한 지원을 받아야 한다.[3]

3단계 : 견고단계

이 단계에는 새로운 정책을 수립하고, 필요한 제도 변화를 시도하고, 새로운 상태를 안정화시킨 다음에 다시 견고하게 만들어야 한다. 어떤 조직이든 균형을 찾으려는 본성을 갖고 있다. 때문에 외부로부터 급격한 변화가 주어졌을 때 처음에는 변화를 통해서 조직이 새로운 균형을 찾는 것처럼 보일지 모르지만, 조금만 방심하면 변화 이전의 원래 상태로 되돌아가버린다. 새로운 균형은 언제나 쉽게 과거의 균형으로 돌아가는 본성을 가지고 있기 때문이다. 이러한 본성을 이해하고 변화를 극복해나가는 동안 새로운 균형 상태를 견고하게 굳히려는 특별한 노력을 기울여야 한다.

르윈은 이를 두고 시간이 가더라도 변함없이 남을 수 있다는 뜻에서 '(아교를) 사용해서 붙이다' 라는 용어를 사용할 정도로 견고화 작업의 중요성을 강조하고 있다. 변화를 시도하는 사람들은 변화 그 자체에서 얻은 새로운 균형이 항상 한시적이고 임시적인 것임을 기억할 필요가 있다. 따라서 공식적인 메커니즘이나 비공식적인 메커니즘을 통해 제도화 혹은 시스템화하는 노력이 반드시 필요하다.

그렇다면 르윈의 '변화경영 3단계 모델' 이 가진 의의는 무엇일까?

첫째, 변화경영을 담당하는 많은 연구자와 실무자들에게 '계획된 변화' 라는 것이 얼마든지 가능함을 보여주었다는 점과 이를 위한 이론적 틀을 제시한 점을 들 수 있다. 그가 기여한 부분은 바로 독창성이다. 지금 생각하면 별것 아닌 것처럼 보이는 아이디어라 하더라도 '변화를 계획할 수 있다' 는 가설을 이론화한 것만으로도 그의 독창성이 돋보인다고 할 수 있다.

둘째, 변화의 성공 여부를, 변화를 지지하는 힘과 저항하는 힘 사이에 균형을 잡기 위한 일종의 동적인 게임의 성격으로 이해했다는 점이다. 이는 변화가 가져온 새로운 균형 상태는 언제든지 다시 원래 상태로 되돌아가버릴 수 있음에 주목한 점과 확실히 굳히는 단계가 없으면 변화는 무용지물이 되어버릴 수 있음을 지적한 것이다.

셋째, 변화를 주도해나가는 사람들이 실제로 사용할 수 있는 유용한 도구를 제공했다는 점을 들 수 있다. 3단계 중 첫 번째 단계에 해

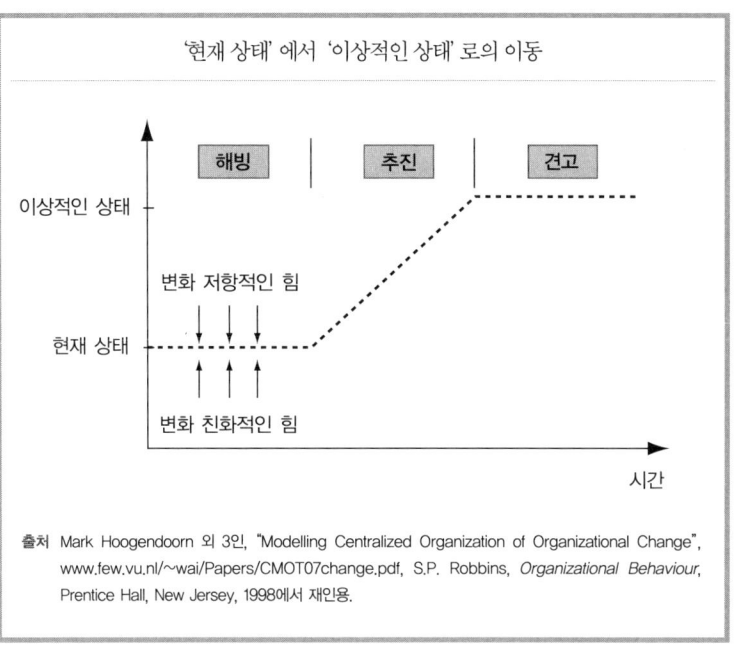

출처 Mark Hoogendoorn 외 3인, "Modelling Centralized Organization of Organizational Change", www.few.vu.nl/~wai/Papers/CMOT07change.pdf, S.P. Robbins, *Organizational Behaviour*, Prentice Hall, New Jersey, 1998에서 재인용.

당하는 해빙단계에서, 변화를 주도하는 관리자들이 구체적인 계획을 세울 수 있으며, 동시에 변화에 동참하는 사람들과도 공감대를 가질 수 있는 방법이다.

그럼 '변화 친화적인 힘'과 '변화 저항적인 힘'은 과연 무엇일까? '현재 상태'에서 변화를 통해 얻으려는 '이상적인 상태'는 무엇인가? 이들을 명확하게 구분해서 정리할 수 있다면, 그다음에 자연스럽게 등장하는 것은 '어떻게 달성할 것인가'라는 과제이다. 이들 질문에 대한 답을 찾아내는 과정을 통해 변화를 추진하는 사람들뿐만 아니라 함께 변화에 동참해야 하는 사람들과도 쉽게 공감대를 형성할 수 있다.

02_
리핏의 7단계 모델
변화 주도자의 역할과 책임이 중요하다

르윈이 고전적인 변화 이론을 처음으로 제안했다면, 로널드 리핏(Ronald Lippitt)은 르윈의 이론을 확장한 대표적인 초기 연구자 중 한 명이다. 르윈과 리핏 모두 계획된 변화를 선호하는 학자들로서, 현재 상태에서 시작해 바람직한 상태로 변화가 일어나기 위해서는 반드시 계획된 변화가 이루어져야 한다고 생각했다. 특정 시점에서 최적이었던 상태가 다른 시점에서는 최적의 상태가 아닌 경우가 대부분이기 때문에 계획된 변화가 필요하다는 것이다.

리핏, 왓슨, 웨슬리는 르윈의 3단계 변화 이론을 확장해서 실용성 있는 7단계 모델을 내놓았다.[4] 이 모델은 특히 변화를 주도해나가는 사람들의 역할과 책임에 초점을 맞춘 이론으로, 이를 요약하면 다음과 같다.

- **1단계** 문제를 분석하라. 변화경영의 대상이 되는 문제의 본질과 특성을 파악하는 단계이다.
- **2단계** 변화의 동기와 역량을 평가하라. 조직 차원에서 변화를 추진할 수 있는 동기와 능력이 어느 수준인지 진단하는 단계이다.
- **3단계** '변화 주도자'의 동기와 자원을 평가하라. 변화를 주도하는 사람들의 변화에 대한 추진력과 성취동기, 헌신 등을 모두 진단하는 단계이다.
- **4단계** 변화가 지향하는 진취적인 목적을 선택하라. 이 단계에서 행동을 위한 계획도 개발되고 행동을 구체적으로 실천에 옮기기 위한 전략이 만들어진다.
- **5단계** 변화를 주도하는 사람들의 역할을 선택하라. 이는 변화를 주도하는 역할이 결정되고 모든 이해 당사자들이 명확하게 이해하는 것을 말한다. 그 결과로서 얻을 수 있는 이득은 변화를 통해 얻으려는 기대가 명확해질 수 있다는 점이다. 예를 들어 변화를 주도하는 사람들의 역할은 사람들로 하여금 일을 하도록 유도하고 격려하는 치어리더나, 변화가 쉽게 일어날 수 있도록 돕는 사람, 혹은 단순한 전문가의 역할로 정의할 수 있다.
- **6단계** 변화를 지속하라. 한번 시도한 변화의 효과가 지속될 수 있도록 지속적으로 대화를 시도하고 결과에 대한 원활한 피드백, 그룹의 협력을 제공해야 한다. 이들은 모두 변화를 지속하기 위한 필수적인 요소들이다.
- **7단계** 서로를 도와주는 관계를 점진적으로 중지시켜라. 시간이 가면서 변화가 정상 궤도에 올라가면 변화를 주도하는 사람들은 점진적으

로 발을 빼도록 해야 한다. 변화가 조직 문화의 한 부분으로 자리를 잡아가면서 이 같은 일이 일어나게 된다.[5]

이상의 7단계에 대한 이해를 돕기 위해서 르윈의 3단계 모델과 직접적인 비교를 해보자. 다음 표는 르윈과 리핏의 모델을 비교한 결과인데, 한 가지 주목할 점은 리핏의 모델 중 세 번째가 변화를 주도하는 사람의 동기와 자원을 평가하는 부분이라는 것이다. 이처럼 본격적인 변화경영을 시도하기 이전에 변화를 주도하는 사람들의 능력이 충분한가를 검토하고 있는 점이 인상적이다.

한편 리핏과 달리 르윈의 모델을 다른 시각에서 확장한 전문가도 있다. 로저(Roger)는 변화를 주도하는 사람의 입장이 아니라 변화의 대상이 되는 사람, 이를테면 스스로 변화에 동참해야 하는 사람의 입장에서 르윈의 모델을 재해석하고 있다. 이처럼 변화를 주도하는 사람, 즉 변화 주도자와 변화 대상자 사이에는, 변화를 바라보는 관점뿐만 아니라 변화에 대한 대응 자세나 선택에도 큰 차이가 있을 수밖

르윈과 리핏의 비교

르윈	리핏
1단계 해빙	1단계 문제 분석 2단계 변화의 동기와 역량 평가 3단계 변화 주도자의 동기와 자원 평가
2단계 추진	4단계 변화 목표 선택 5단계 변화 주도자의 역할 선택
3단계 견고	6단계 변화 지속 7단계 변화 주도자의 퇴각

출처 Peter Tylee, *Change : Theory and Practice*, www.education4skills.com/phc/phc_m7.html

에 없다. 따라서 로저의 방법에 대해서도 관심을 가질 필요가 있다.

변화의 대상이 되는 사람들은 우선 변화를 받아들일 것인가 아니면 저항할 것인가에서 시작해, 변화에 동참한다면 자신이 가진 자원 가운데 어느 정도를 투입할 것인가를 스스로 결정하게 된다. 변화경영의 승패는 결국 어느 정도의 참여를 이끌어낼 수 있는가에 따라 결정된다는 점을 고려하면, 변화의 대상이 되는 사람의 관점에서도 변화가 충분히 고려되어야 그 효과를 기대할 수 있다. 변화를 주도하는 사람들이 자기중심적으로 행동한다면, 즉 변화경영을 공급자 중심에서 사고하고 행동하면 그만큼 변화경영은 실패하게 될 가능성이 높아진다. 변화에 동참하는 사람들의 이익이 변화의 성공 여부에 달려있는 것이다. 변화를 추진하는 사람들은 변화 대상자들에게 이 점을 충분히 설득할 수 있어야 한다.

로저는 변화의 대상이 되는 사람의 입장에서 변화경영을 모두 5단계, 즉 각성(awareness), 이익(interest), 평가(evaluation), 시도(trial) 그리고 적응(adoption) 단계로 나누었다.[6]

원래 로저의 아이디어는 조직의 변화를 직접 대상으로 한 것이 아

르윈과 로저의 비교

르윈	로저
1단계 해빙	1단계 각성 2단계 이익 3단계 평가
2단계 추진	4단계 시도
3단계 견고	5단계 적응

출처 Peter Tylee, *Change : Theory and Practice*, www.education4skills.com/phc/phc_m7.html

니라 새로운 아이디어가 출현하였을 때 그것이 확산되어 가는 프로세스를 다루는 '혁신의 확산 모델'에 대한 관심에서 나온 것이다. 여기서 혁신은 '개인이나 시스템에 의해서 새로운 것으로 인지되는 아이디어'라 정의할 수 있다. 결국 변화경영의 주요한 주제인 변화 역시 새로운 아이디어인 만큼 혁신으로 간주될 수 있다. 로저의 5단계는 이런 혁신이 등장했을 때 개인이 이것을 어떻게 받아들이고 어떻게 확산되어 가는지에 대한 관심에서부터 출발하게 된다. 따라서 어떤 조직에서 변화가 수용되는 과정을 하나의 '확산' 과정으로 간주할 수 있다.[7]

한편 로저와 슈메이커(Shoemaker)는 변화경영의 실행 단계에서 성공 여부를 결정하는 중요한 5가지 측면을 강조하고 있다.[8]

첫째, 상대적인 이익. 변화에 동참하는 사람들이 변화를 위한 새로운 아이디어가 과거의 아이디어보다 더 우수하다고 인지하는 정도가 클수록 변화는 성공할 가능성이 높다.

둘째, 호환성. 변화를 시도하는 것과 변화에 참가하는 사람들의 현존 가치, 관행, 필요 사이의 조화를 이룰수록 변화는 쉽게 받아들여진다.

셋째, 복잡성. 변화에 동참하는 사람들이 변화를 이해하고 변화를 시도하는 방법이 단순할수록 성공할 가능성이 높고, 반대로 복잡할수록 성공할 가능성이 낮다.

넷째, 시험 가능성. 작은 규모에서도 쉽게 변화를 시도할 수 있다면 성공할 가능성이 높다.

다섯째, 관찰 가능성. 변화에 동참하는 사람들과 외부인들이 변화를 관찰하면 할수록, 성공할 가능성이 높다.

03_
셰퍼드의 경험 법칙
변화 주도자가 지켜야 할 행동 원칙

허브 셰퍼드(Herb A. Shepard)의 접근 방법은 앞에서 소개한 르윈, 리핏 등 다섯 명의 전문가들의 접근 방법과 크게 다르다. 이들은 이른바 '계획된 접근 방법(때로는 '통제된 접근 방법'이라 부르기도 함)', 즉 잘 계획되고 조정된 계획에 따라 다양한 모델을 제시하고 모델마다 어떤 조치들이 취해져야 하는가에 대한 조언을 담고 있다. 다시 말해서 한 단계 한 단계 구체적인 조치들을 실천함으로써 변화를 잘 관리해 나갈 수 있다고 믿는 것이다.

그러나 셰퍼드는 변화를 하나의 과정으로 보았다. 변화의 결과물은 시간과 상황에 따라 얼마든지 달라질 수 있으며, 변화 과정에 개입하는 다양한 사람들과 제도 등의 복잡한 상호작용을 통해서 발생한다고 이해하였다. 따라서 그가 제시하는 방법은 구체적으로 이것저것을 하라는 목록을 제시하지 않는다. 대신, 변화를 주도하는 사람들이 지켜야 할 일종의 행동 원칙, 즉 '경험 법칙'을 소개하고 있다. 이런 접근 방법을 흔히 '과정 접근 방법'이라 부른다.

셰퍼드의 아이디어는 1966년 케이스 기술 연구소의 한 컨설팅 수업 중에 처음으로 나왔다. 셰퍼드는 이따금 대학에 적을 두기도 했지만, 대부분의 삶을 유니온 카바이드, 아더 D. 리틀 컨설팅 회사 등 여러 기업체와 컨설팅 회사에서 실무를 진두지휘하면서 살아왔다. 셰퍼드는 조직발전론 분야에서 선구적인 업적을 남긴 인물 가운데 한 사람으로, 많은 이론가와 실무자들에게 영향을 미쳤다.

그의 이론은 조직 변화에 관련된 경험 속에서 자연스럽게 만들어진 것이었으므로 그는 학문적인 엄격함에 대해서는 별로 생각하지 않았다. 그럼에도 불구하고 그가 제시한 '변화 주도자를 위한 경험 법칙'은 변화경영을 추진해나가는 실무자들에게는 여전히 인기가 있는 멋진 행동 원칙으로 사용되고 있다.[9,10]

다음 규칙들은 변화를 주도하는 사람들이 어떻게 행동해야 할 것인가를 나타내는 행동 원칙들이다.

규칙 1 : 활력을 유지하라
- 웃음이나 유쾌함으로 불합리한 것을 환영하는 법을 배워라.
- 기술이나 감정, 수준과 직위, 위치를 사용하되 변화에 동참해야 하는 사람들에 의해서 이용되지 않도록 주의하라.
- 변화에 저항하는 사람들의 모함이나 음모에 걸려들지 말라.

규칙 2 : 시스템이 있는 현재로부터 시작하라

- 변화에 참여해야 하는 사람들이 그들 자신을 어떻게 보고 있는가를 이해하라. 이때 공감이 필요하다는 점을 기억하라.

규칙 3 : 표적이 되지 말라

- 가장 유망한 지역에서 일하라.
- 당신이 갈 때 표적을 만들지 말라.
- 자원을 비축하라.
- 과도하게 조직화하지 말라.
- 승리할 수 없다면 싸우지 말라.
- 방황하지 말고 당신의 목적에 집중력을 유지하라.

규칙 4 : 혁신은 좋은 아이디어, 자발적 의지 그리고 몇 명의 새로운 친구를 필요로 한다

- 기꺼이 함께 일할 수 있는 사람을 찾아서, 그들로 하여금 다른 사람을 소개하도록 하고 그들과 함께 일하라.
- 모반이나 복종을 필요로 하는 사람들은 믿을 만한 파트너가 아니다.

규칙 5 : 성공을 위한 시도를 준비하라

- 성공에 필요한 가능한 모든 준비를 철두철미하게 하라.

규칙 6 : 많은 시도를 행하라

- 성공을 위한 다양한 실험을 하라.

규칙 7 : 낙관적인 시각을 유지하라

● 부정적인 의견에 휘둘리지 말고 항상 할 수 있다는 낙관적인 자세를 가져라.

규칙 8 : 순간을 잡아라

● 타이밍은 모든 것이다.

04_
베카드와 해리스의 변화방정식
변화를 일으키는 결정적인 요소

리처드 베카드(Richard Beckhard)는 보스턴 경영대학원에 재직하면서 조직개발론과 계획된 변화에 대해 많은 연구 성과물을 남겼으며,[11] 루벤 해리스(Reuben T. Harris)와 함께 '변화방정식'을 만들어냈다.

변화방정식은 변화경영의 성공을 결정하는 요소들 사이의 관계에 대해 간단한 공식을 제시한 것으로,[12] 컨설팅 회사에 근무하고 있던 데이비드 글레이처가 '저항 경영 공식'이라는 이름으로 만들어낸 창의적인 아이디어에 바탕을 두었다.[13] 때문에 '글레이처 공식'이라 불리기도 하지만, 베카드와 해리스가 글레이처의 아이디어를 정교하게 다듬어서 의미를 부여하는 데 성공했기 때문에 흔히 '변화방정식' 혹은 '변화공식'이라고 한다. 이 방정식은 계획적인 변화를 일으키는 결정적인 요소들이 무엇인지를 쉽게 간파할 수 있도록 해준다.

역사적으로 변화방정식은 그 의미가 매우 크다. 테일러주의를 바탕으로 하는 과학적 경영 기법이 유행하던 시절만 하더라도 경영의 기본은 '통제와 관리'였다. 근로자는 오로지 일만 하고 생각은 경영자가 한다는 기본적인 발상에 토대를 둔 것이 과학적 경영법으로 통하는 테일러주의다. 그러다가 경영에서 구성원들의 참여가 중요하다는 사실이 명확해지면서 이를 개념화하는 데 변화방정식이 중요한 역할을 담당하게 되었다.

물론 오늘날의 경영자들은 조직 구성원들의 참여와 경영 성과가 밀접하게 연결되어 있음을 잘 알고 있다. 하지만 이 같은 사실도 처음부터 알려진 것이 아니라, 테일러주의에 대한 반성과 아울러 변화방정식과 같은 명쾌한 공식들이 사람들로 하여금 구성원 참여의 중요성을 부각시키도록 유도하는 역할을 하였다.

사람들은 어떤 개념적인 틀을 통해서 세상을 이해한다. 이때는 참여의 중요성에 대해 큰 비중을 두지 않았다. 그러나 과학적 경영법의 문제점이 드러나고 변화방정식과 같은 새로운 개념적 틀이 제시되면 경영에 대한 시각을 수정하게 된다. 이런 점에서 변화방정식은 경영에 대한 사람들의 생각을 수정하는 데 큰 역할을 담당하였다.

변화방정식은 다음과 같다.

$$C = D \times V \times F > R$$

여기서 C는 변화(Change), D는 현재 상태에 대한 불만족 정도(Dissatisfaction), V는 도달하고자 하는 바람직한 상태를 나타내는 비전

(Vision), F는 비전 달성을 위해 할 수 있는 첫 번째 확실한 조치들(First Steps), R은 저항, 즉 변화에 따르는 비용을 말한다(Resistance to Change).

변화경영이 성공을 거두기 위해서는 변화가 이 공식을 충족시켜야 한다. 다시 말하면 D, V, F의 곱으로 표시되는 3가지 요소들 가운데 어느 하나가 없거나 낮은 수준으로 나타나면 변화경영은 성공할 수 없을 뿐만 아니라 변화 자체가 일어날 수 없다. 왜냐하면 R로 표시되는 변화에 대한 저항을 누를 수 없기 때문이다. 3가지 요소를 조금 더 자세히 살펴보면 다음과 같다.

첫째, 조직 구성원들 사이에서 현재 상태에 대한 불만이 강하지 않거나 아예 불만 자체가 존재하지 않는다면 변화는 일어날 수 없다.

둘째, 조직이 달성하고자 하는 목적지인 비전이 명확하지 않거나 존재하지 않는다면 변화는 일어날 수 없다.

셋째, 실현 가능성이 낮거나 아예 없다면 변화는 일어날 수 없다.

3가지 요소의 곱은 항상 변화가 동반하게 마련인 저항, 즉 변화의 비용을 압도할 수 있어야 한다. 그래야 변화경영이 추진될 수 있고 성공을 향한 여정이 도입될 수 있다. 모든 조직의 변화에는 저항이 존재한다. 조직마다 저항의 모습은 다양한 형태를 띤다. 변화를 주도하는 사람들은 사전에 변화의 특성이나 유형을 잘 분석해서 저항의 수위를 낮출 수 있는 적절한 조치들을 취할 수 있어야 한다.

변화방정식은 간단하지만 매우 유용하다. 왜냐하면 변화경영이 추진되는 어떤 단계에서도 변화방정식은 문제를 해결하는 데 직관과 통찰력을 제공할 수 있기 때문이다. 게다가 변화방정식은 변화를 추진하는 사람들이나 저항하는 사람들 모두에게 스스로 문제의 본질을 정확히 파악하게 만들어 합의를 도출하도록 도움을 준다. 변화경영의 각 단계에서 부딪히게 되는 이해 당사자들 사이의 갈등과 분쟁을 해결하고자 할 때 자신들이 고민하고 있는 문제의 본질이 무엇인지를 파악하는 데 도움을 주기 때문이다. 이것은 각자가 자신의 이해관계나 고정관념을 떠나서 어떤 행동을 취해야 하는지에 대해 명쾌한 해답을 제시할 수도 있다.

변화를 시도하는 조직에서 흔히 관찰되는 현상은 다음 4가지 경우인데, 이런 경우에 변화방정식은 변화경영이 쉽지 않다는 사실을 명쾌하게 잘 설명해준다.

첫째, 현재의 상태를 두고 '이대로는 안 되겠다'고 강하게 느끼는 간부들이 드문 경우. 간부들이 이 정도 수준이라면 사원들은 더더욱 현재 상태를 개선하는 데 대한 필요성을 강하게 느끼지 못한다. 변화경영을 시작하는 조직에서 드물지 않게 발견할 수 있는 현상이다.

둘째, 남들이 하니까 무엇인가를 해야 한다고 생각하지만 변화경영의 궁극적인 목적지가 어디인지 모르거나, 목적지를 두고도 중요한 인물들 사이에 충분한 커뮤니케이션이 이루어지지 않는 경우. 조직 구성원 전체로 변화경영의 범위를 확장하면 변화경영을 시도하기에는 역부족일 때 나타나는 현상이다.

셋째, 변화경영을 시도하려는 조치가 지나치게 복잡하거나 어렵기 때문에 구성원들이 무엇을 어떻게 해야 할지 알 수 없는 경우. 이런 경우는 첫 번째 조치조차 취해질 수 없기 때문에 추가적인 조치들을 계속적으로 취하기 힘들다.

넷째, 변화에 따른 비용이 지나치게 큰 경우. 이를테면 전자 상거

래가 활성화되면서 새로운 영업 채널이 등장하자 오프라인 매장에 전적으로 의존하였던 기업들은 온라인에 바탕을 둔 새로운 영업망 구축을 서둘렀다. 이때 기존 영업망에 종사하는 이해 당사자들의 거센 저항과 자칫 잘못하면 오랫동안 구축해왔던 오프라인 영업망의 와해를 가져올 수 있는데, 이런 것들은 모두 변화가 가져오는 저항비용이다. 이 비용이 너무 클 때는 변화경영의 성공 가능성은 낮아지게 된다.

05_
코터의 8단계 방법론.
변화경영 가이드와 각 단계의 방해 요소

존 코터(John Kotter)는 변화경영에서 대단한 명성을 지니고 있는 인물로, 《기업이 원하는 변화의 리더》와 《기업이 원하는 변화의 기술》 등 변화경영에 관한 대표적인 책을 집필하였다. 그의 대표 브랜드가 되다시피 한 '변화경영을 위한 8단계 방법론'은 10여 년 동안 100여 개 기업에 이르는 컨설팅 경험에서 나왔다.

그는 포드와 같은 대기업에서 시작해서 랜드마크 커뮤니케이션즈와 같은 중소기업에 이르기까지, 또한 GM처럼 미국에 바탕을 둔 회사뿐만 아니라 영국항공처럼 외국 회사에 이르기까지, 그리고 브리스톨 마이어즈처럼 변화경영에 성공한 기업으로부터 이스턴항공처럼 실패한 기업에 이르기까지 다양한 기업에 대한 컨설팅을 담당하였다.

그러므로 코터의 8단계 방법론은 변화경영을 주도하는 사람은 물론 참여하는 사람에게도 실용적인 가이드를 제시한다는 점에서 매우 유용하다. 시간이 없고 빨리 마무리 지어야 한다고 해서 2~3단계를 건너뛴다면 변화경영의 효과를 거두기 힘들다. 그는 차근차근하게 단계를 밟아갈 때만이 변화경영이 기대하는 효과를 거둘 수 있음을 강조하면서 이렇게 이야기한다.

가장 뚜렷한 교훈은 바로 변화가 상당히 오랜 기간 동안에 수많은 단계를 거쳐서 이루어진다는 사실이다. 사람들은 단계를 건너뛰면 변화의 속도를 높일 수 있다는 환상에 빠지기 쉽지만, 그럴 경우 만족스런 결과를 얻을 수 없다. 또 다른 교훈은 전체 변화 과정 중 한 단계에서라도 결정적 실수를 범한다면, 그것이 매우 치명적인 영향을 미쳐서 추진력을 저하시키고 그 전에 힘들여 성취한 것조차 백지화시켜버릴 수 있다는 사실이다. 기업의 변화에 대한 경험이 상대적으로 적기 때문인지는 모르나, 매우 유능한 경영자조차 흔히 한번쯤은 큰 오류에 빠지게 된다.[14]

코터의 변화경영을 위한 8단계 방법론은 무엇을 어떻게 해야 하는가에 대한 가이드를 제시하는 동시에 각 단계에 어떤 방해 요소가 있는지 쉽게 이해하도록 도와준다. 해야 하는 것과 방해물을 제거하는 것은 마치 동전의 양면 같은 것으로 변화경영의 승패를 결정하는 부분이기도 하다.[15]

1단계 : 긴박감을 조성하라
현재의 경쟁 상황에 대해 토론하고 미래의 시나리오를 생각해야 한다. 잠재적인 위기와 주요한 기회를 인식하게 해주고, 변화에 대한 절박함을 증가시킨다.

키포인트 | "변화를 시작할 때 기업의 성과가 좋은 상태였든 나쁜 상태였든 간에, 성공 사례에는 예외 없이 개인이나 집단이 앞으로 일어날 수 있는 악조건들에 대해서 솔직하게 토론할 수 있는 여건이 마련되어 있었다. 그렇다면 긴박감은 어느 수준이 되어야 하는가? 코터의 경험에 의하면 기업에서 변화가 성공하기 위해서는 경영층의 75% 정도가 현재의 경영 상태로는 절대로 안 된다고 솔직히 시인해야 한다. 이보다 낮을 때는 변화 프로그램을 추진하는 과정에서 매우 심각한 문제가 야기될 수 있다."[16]

2단계 : 강력한 변화 추진 구심체를 구축하라

변화를 적극적으로 추진해나갈 수 있는 충분한 힘을 가진 집단을 구성하고, 그들이 하나의 팀으로 협동할 수 있도록 격려해야 한다.

키포인트 | "중소기업이든 대기업이든 성공적인 변화추진팀은 개혁의 처음 1년 동안 단지 3명 내지 5명 정도로만 구성된다. 그러나 대기업의 경우 추진 구심체는 개혁이 본격적으로 진전되기 전까지 20~50명 규모로 커져야 한다. 최고경영자는 항상 그 집단의 핵심이 되어야 한다. 그러나 때로는 추진 구심체에 이사회 멤버, 고객 대표, 심지어 노조 지도자까지 포함되어 있는 경우를 볼 수 있다. 강력한 구심체를 갖추지 못하면 변화 노력으로 단기간의 가시적인 진전을 보일 수도 있겠지만, 변화에 대한 저항 세력이 결집되면 개혁은 바로 중단되고 만다."[17]

3단계 : 비전을 창조하라

변화를 이끌어낼 수 있는 비전을 창조함과 동시에 이를 가능하게 하는 전략을 개발해야 한다.

키포인트 | "피부에 와 닿는 비전이 없다면, 변화 노력은 조직을 잘못된 방향이나 전혀 엉뚱한 방향으로 몰고 가는 혼란스러운 프로젝트로 전락하기 쉽다. 변화를 성공적으로 도입하지 못한 몇몇 기업의 경우, 경영자가 방향감각을 가지고 있었지만 비전이 너무 복잡하거나 명확하지 않아서 실용적이지 못했다. 경험에 의하면, 만약 5분 이내에 다른 사람에게 비전을 설명할 수 없거나 상대방의 이해와 흥미를 이끌어낼 수 없다면, 변화 과정의 3단계를 제대로 이해하지 못한 것이다."[18]

4단계 : 비전을 전달하라

비전과 이를 달성하기 위한 전략, 그리고 새로운 행동은 다양한 방법으로 커뮤니케이션되어야 하며, 이를 위해서 필요하다고 기대하는 커뮤니케이션의 양보다 최소한 10배 정도 늘릴 필요가 있다.

키포인트 | "변화에 성공한 기업의 임원들은 비전을 전달하기 위해 기존의 모든 의사소통 채널을 활용한다. 보다 중요한 것은 커다란 변화를 성공적으로 이끈 기업의 임원들은 '행동으로 말하기'를 배우고 있다는 점이다. 그들은 새로운 기업 문화의 살아 있는 상징이 되기 위해 의식적으로 변화를 행동으로 옮긴다. 의사소통은 말과 행동에 의해 이루어지고, 행동은 가장 강력한 의사소통의 수단이 된다. 핵심 인물들의 말과 행동의 불일치보다 더 크게 변화를 저해하는 요소는

없다."[19]

5단계 : 구성원들이 비전에 따라 행동하도록 권한을 위임하라

비전 달성에 악영향을 미치는 잘못, 그리고 불필요한 시스템이나 구조와 같은 변화의 장애물을 제거한다. 동시에 구성원들로 하여금 새로운 아이디어, 활동, 행동 등을 시도하도록 격려해야 한다.

키포인트 | "개혁의 초반에는 어느 조직이든 모든 장애물을 제거할 수 없다. 그러나 큰 장애물은 반드시 정면 대결해서 제거해야 한다. 만일 그 장애물이 사람이라면 새로운 비전과 일치하는 방향으로 처리해야 한다. 다른 사람들을 격려하고 변화 노력 전체의 신뢰성을 확보하기 위해서는 확실한 행동이 반드시 필요하다."[20]

6단계 : 단기적인 성과를 위한 계획을 수립하고 실현한다

단기적이고 가시적인 성과를 발굴하고 널리 알리며, 동시에 이 같은 성과를 만들어낸 구성원들을 인정하고 보상해야 한다.

키포인트 | "진정한 개혁에는 시간이 걸리고, 변화 노력은 성취할 만한 단기적 목표가 없으면 추진력을 잃게 될 위험성이 있다. 대부분의 사람들은 1~2년 내에 변화 노력이 기대했던 결과를 이루어나가고 있다는 증거를 보지 못하면 개혁의 대열에서 떨어져나간다. 단기적 성과가 없으면 많은 사람들이 변화를 쉽게 포기하거나, 변화에 저항하는 사람들의 대열에 끼게 된다."[21]

7단계 : 달성된 성과를 굳히고 더 많은 변화를 만들어내라

비전을 달성하는 데 공헌한 사람들을 승진시키고 보상을 지불해야 한다. 또한 증가된 신뢰를 이용해서 비전에 걸맞은 시스템, 구조, 정책을 만들어내야 한다. 이는 새로운 프로젝트, 새로운 자원, 변화 추진자와 함께 변화 프로세스에 에너지를 불어넣는다.

키포인트 | "몇 년 동안 열심히 노력하고 나면 관리자들은 초기의 명확한 성과 개선으로 변화가 성공했음을 선언하려고 한다. 승리를 자축하는 것은 좋지만, 전투가 끝나기도 전에 최종적 승리를 선언했다가는 파멸하게 된다. 변화가 기업 문화 속으로 뿌리내리기까지는 5~10년이 걸린다. 그 과정에서 방심하게 되면 새로운 시도가 실패하거나 처음으로 되돌아가기 쉽다."[22]

8단계 : 새로운 접근 방법을 제도화한다

새로운 행동이 기업에 성공을 가져온다는 점을 모든 구성원들에게 분명하게 이해시키고, 리더십의 개발과 그것이 연속할 수 있는 수단을 개발한다.

키포인트 | "두 가지 요인이 변화를 기업 문화 속에 정착시키는 데 특히 중요하다. 첫째 요인은 새로운 접근 방법, 행동, 태도가 성과 개선에 어떻게 도움이 되었는지를 의식적으로 사람들에게 보여주려는 시도이다. 사람들이 자의적으로 판단하도록 내버려둘 경우, 상관관계를 아주 부정확하게 이해하게 된다. 두 번째 요인은 차세대 최고경영자가 새로운 접근 방법을 배울 수 있도록 충분한 시간을 확보하는 것이다. 이러한 승진 관련 요건이 바뀌지 않는다면 개혁은 지속되기 어

렵다. 또한 조직의 최고위층에서 후계자 결정을 잘못할 경우에는 10년 공든 탑이 무너질 수도 있다."[23]

코터와 비슷한 실용적인 방법을 제시한 사람으로, 펜들베리와 켄터를 들 수 있다. 비슷한 방법이지만 미묘한 차이가 있으므로 세 사람의 실용적인 방법을 비교해 보는 것도 의미가 있다.[24]

● **펜들베리의 10단계론**(Pendlebury's 10 Steps)
1. 비전을 정리하라.
2. 자원을 동원하라.
3. 촉진하라.
4. 이끌고 나아가라.
5. 전달하라.
6. 동조자를 얻어라.
7. 감정을 조절하라.
8. 권력을 다루어라.
9. 훈련하고 코치하라.
10. 활발하게 커뮤니케이션하라.

● **켄터의 10계명**(Kanter's 10 Commandments)
1. 변화의 필요성을 분석하라.
2. 공유된 비전을 창조하라.
3. 과거와 이별하라.

4. 위기감을 조성하라.

5. 강력한 리더의 역할을 지지하라.

6. 정치적인 지지자를 확보하라.

7. 구체적인 실행 계획을 만들어라.

8. 실행 가능한 구조를 만들어라.

9. 대화하고 사람들을 참여시켜라.

10. 변화를 강화하고 제도화하라.

06_
내들러의 12가지 행동단계
변화에 대한 저항을 극복하라

미국 뉴욕의 델타 그룹 회장을 지내고 있는 데이비드 내들러(David A. Nadler)는 기존의 전문가들과는 다른 시각으로 조직의 변화를 대한다. 그는 조직의 변화 과정에 영향을 미치는 다양한 요소가 무엇인지, 그리고 변화를 시도할 때 어떤 일들이 조직 내에서 일어나는지에 주목한다. 그는 조직이 외부의 변화를 인지하는 4가지 하부 시스템으로 구성되어 있다고 가정한다. 여기서 4가지 시스템은 업무, 인력, 공식적 조직, 비공식적 조직을 말한다. 그가 제시하는 모델은, 기존의 전문가들 대부분이 사용하는 '계획된 접근 방법' 혹은 '통제된 접근 방법' 대신 '정합 모델'이라 부르기도 한다.

    내들러의 모델에서 조직은 4가지 하부 시스템으로 구성되어 있는 하나의 시스템으로, 투입물에 해당하는 전략, 자원, 환경을 이용해 상호작용을 거치면서 산출물인 개인, 팀, 조직의 성과를 만든다. 그는 이 모델이 어떻게 전환해야 가장 큰 성과를 거둘 수 있을 것인가에 대한 구체적인 답을 제시하지는 않지만, 변화가 원활하게 이루어질 수 있도록 하기 위해 조직에서 어떤 일들이 이루어져야 하는가에 대해 충분히 생각해야 한다는 동기를 부여한다. 따라서 그의 모델은 구체적인 방법을 가르쳐주기보다는 변화를 주도하거나 참여하는 사람들로 하여금 자신의 생각을 조직화할 수 있는 도구를 제공해준다.

우선 '정합 모델'의 의미를 새겨둘 필요가 있다. 변화를 추진하는 사람들은 4가지 하부 시스템 가운데 어느 것 하나에만 관심을 가져서는 안 된다. 이들은 서로 밀접하게 연결되어 있으므로 한 가지에 대해서만 변화를 추진하면 다른 3가지에 혼란을 초래할 수 있고, 이 같은 혼란이 변화의 대상이 되는 하나의 하부 시스템에 부정적인 영향을 미칠 수 있다. 결국 정합이란 의미는 서로 맞춘다는 뜻을 가진다. 변화를 추진할 때 모든 조직은 권력, 불안, 통제를 보다 적극적으로 관리해야 한다. 이에 대해 내들러는 자신의 대표 저서 가운데 하나인 《변화의 챔피언》에서 다음과 같이 말하고 있다.[25]

변화기에는 권력 분포가 지각 변동을 일으킨다. 그 결과 정치적인 활동이 활발해진다. 권력을 가진 자는 그것을 잃게 될까 두려워하며 통제를 강화할 궁리를 한다. 권력이 별로 없는 사람은 새로운 길이 열릴 것으로 보고 보다 큰 패를 잡기 위해 책략을 짠다.
이렇게 큰 변화의 초기 단계에는 비공식 조직 구조의 변화에 촉발된 격렬하고 비생산적인 정치 활동이 활발해진다. 그로 인해 변화가 없었다면 대부분 업무에 쓰였을 구성원들의 에너지가 낭비된다. (중략)

경영자 중에는 불안과 스트레스가 실적을 개선시킨다고 믿고 있는 사람도 있다. 분명 그렇기는 하지만 그것은 극히 일부분이다. 스트레스와 불안이 너무 많으면 실적은 오히려 더 떨어지고 정보 처리 능력도 저하된다. 변화가 초래한 불안에 휩싸인 구성원은 회사의 얘기를 전혀 들으려 하지 않는다. 무슨 일이 일어날지 모르기 때문에 어떻게 대처하고 무엇을 해야 하는지 알지 못한 채 불안감만 커지는 것이다.

회사가 변화에 착수하는 순간 조직은 이미 현상을 해체한 것이므로, 공식구조가 사라지기 훨씬 전부터 구성원들 마음속에서는 이미 현상이 와해되고 만다. 사람들은 큰 변화가 멀지 않았음을 아는 순간 믿고 있던 모든 것들이 없어질 거라고 생각한다. 그 시점에서 경영층은 통제력을 잃어버린다.(중략)

권력, 불안, 통제의 문제를 제대로 처리하지 못하면 기업이 마비될 수 있다. 사람들은 조직의 기능을 마비시키는 사내 정치 공작에 몰두하여 정정당당한 경쟁을 무시하고 고객이나 공급자와의 관계를 망쳐버린다. 하지만 이런 문제에 대처할 공격적인 계획을 설계하면 변화를 성공으로 이끌 수도 있다.

실제로 작은 변화에서 큰 변화에 이르기까지 조직의 변화를 책임져본 사람이라면 내들러의 접근 방법에 쉽게 동의할 수 있을 것이다. 변화경영이 본격적으로 추진될 즈음이면, 대개 사람들은 복도에서 무리를 지어 수근거리거나, 업무는 제쳐두고 자기 살길을 찾아서 이곳저곳에 일자리를 알아보기도 하고, 끼리끼리 모여서 반대 계파를 제압할 방법을 찾아나선다. 이처럼 피할 수 없는 저항이 발생하는 것

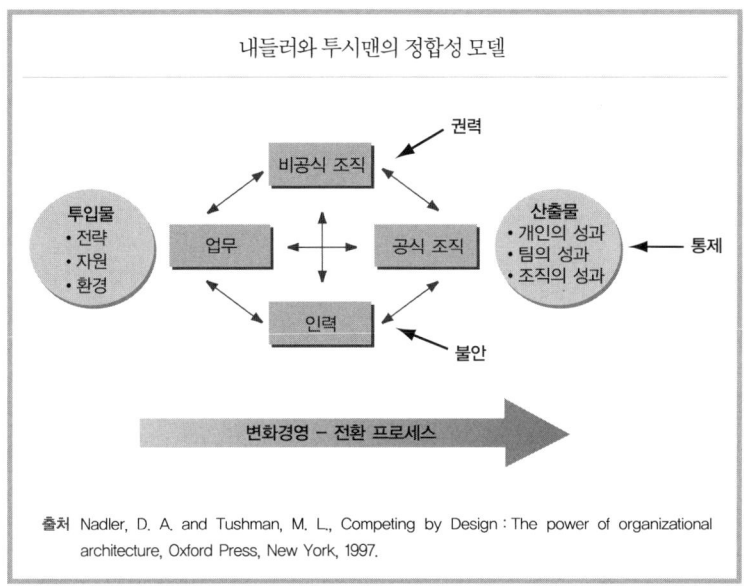

출처 Nadler, D. A. and Tushman, M. L., Competing by Design : The power of organizational architecture, Oxford Press, New York, 1997.

을 있는 그대로 받아들인다는 점에서 볼 때, 변화경영은 결국 조직의 저항을 극복하는 방법으로 이해할 수도 있다.

내들러는 이 점에 착안하여 변화에 대한 저항을 극복하는 방법으로 '12가지 행동단계'를 제시하고 있다. 이는 크게 3가지로 나눌 수 있는데, 변화에 대한 정치적인 움직임을 형성할 필요성, 변화에 대한 의욕을 불러일으킬 필요성, 변화기 관리의 필요성이다. 그리고 각각의 필요성에 4가지의 구체적인 행동 단계를 제시함으로써 모두 12가지의 행동단계가 만들어지게 된다.

그가 제시한 12가지 행동단계는 《변화의 챔피온》에도 언급된다. 참고로 이 책의 부제는 '대표이사들과 그들의 회사는 어떻게 급격한 변화의 스킬을 마스터하는가'이다. 그의 방법론이 대단히 구체적이고 현실적임을 짐작할 수 있다.

행동단계 1 : 성공의 열쇠를 쥐고 있는 핵심 권력 집단의 지지를 이끌어내라

변화를 시도할 때 경영자는 통제력 약화를 어쩔 수 없는 사실로 받아들여야 하기 때문에 이를 대신할 수 있는 새로운 자원을 얻어내야 한다.

키포인트 | "어떤 상황이라도 변화에 적극적으로 참가해야 한다고 하는 사람은 소수에 불과하다. 한편 다른 사람들은 많은 도움을 주지만, 변화가 반드시 필요하다고 생각하지는 않는다. 유능한 경영자는 반드시 필요한 사람을 우선 목표로 삼은 후, 성공의 열쇠를 쥔 다른 사람들을 끌어들이는 방법을 사용한다."[26]

행동단계 2 : 리더의 행동을 변화를 촉진하는 데 활용하라

리더의 사소한 말이나 행동이 변화에 대한 구성원들의 마음가짐과 태도에 큰 영향을 미치게 된다는 사실을 명심해야 한다.

키포인트 | "리더가 어떻게 상벌을 이용하고, 언어나 상징을 선택하며, 공공장소에서 행동하는가 등이다. 변화의 초기 단계에서는 리더의 언행을 지켜보는 일이 구성원들에게 가장 인기 있는 스포츠가 된다."[27]

행동단계 3 : 상징과 언어를 의도적으로 사용하라

모든 조직은 변화를 나타내는 상징과 언어를 이용해서 변화에 대한 공감대를 형성할 수 있어야 한다.

키포인트 | "역사적으로 가장 성공한 정치운동은 상징 요소와 언어를 교묘하게 사용하고 있다. (중략) 오랜 시간에 걸쳐 새로운 단어를 지속적으로 사용할수록 변화에 대한 지원의 폭도 넓어진다. 많은 사람들이 주위에서 그 단어를 들으면 들을수록 변화의 현실과 정당성을 한층 더 믿게 되는 것이다."[28]

행동단계 4 : 변화에서 제외되는 안정적인 부분을 명확히 하라

변화가 모든 것을 바꾸지는 않는다. 따라서 변화하지 않는 것이 어떤 것인가를 적극적으로 알림으로써 불안감이 증폭되지 않도록 해야 한다.

키포인트 | "변화가 과거의 모든 구성원과 가치를 무시하고 있지 않다는 것을 일반 직원들에게 알릴 필요가 있다. 어느 정도의 연속성을 유지함으로써 권력 관계와 가치관이 전면적으로 바뀌지 않을까 의심하는 사람들의 불안감을 경감시킬 수 있다. 따라서 변화에 대해 설명할 때 리더는 변하지 않는 부분을 명확히 하고 강조해야 한다."[29]

행동단계 5 : 현상에 대한 불만을 표면에 드러내라

'이대로는 더 이상 안 된다'는 공감대를 끌어내기 위해 현 상태의 불합리함과 부당성을 구성원들에게 분명히 전달할 수 있어야 한다.

키포인트 | "사람들은 현재의 상태를 끝까지 감내하는 것이 불가능하다는 것을 완전히 이해할 때까지 변화를 지지하려고 하지 않는다. 그들은 냄새를 맡고는 있지만 발등에 불이 떨어지기 전까지는 불타

고 있는 집에서 뛰쳐나오려고 하지 않는다."[30]

행동단계 6 : 변화를 위한 계획 수립과 실행에 참여를 촉진하라
변화 계획을 수립하는 단계에서는 가능한 참여 의식을 높이도록 노력해야 하지만, 의사 결정은 합의와는 다르게 이루어져야 한다.

키포인트 | "인원을 많이 참가시킴에 따라 참가자 스스로가 변화를 추진해나간다는 실감을 가질 수 있으며, 참가함으로써 이해할 수도 있고 참가자 자신이 좋은 아이디어를 가지고 있을 수도 있다."[31]

행동단계 7 : 변화를 지지하는 행동에 대해 보상하라
변화를 몸소 실행에 옮길 때 과거와 다른 보상 체계가 작동될 수 있음을 보여주는 방법도 효과가 있다.

키포인트 | "변화기에 불안을 느끼고 자신의 행동에 자신감을 갖지 못하는 것은 지금까지와는 다른 일을 하면서도 그에 따른 보상 시스템이 전혀 없고 여전히 오래된 기준과 목표에 연관되어 있기 때문이다."[32]

행동단계 8 : 구성원들에게 과거와 이별할 시간과 기회를 주어라
조급한 마음이나 성과에 대한 성급한 욕심 때문에 무리하게 몰아붙여서는 안 된다.

키포인트 | "변화에 대한 의욕을 불러일으키기 위해서는 구성원들이 현상태와 이별할 수 있는 시간과 기회를 주어야 한다. 변화 초기 단계에서는 사람들을 친숙해진 조직 환경에서 서서히 떨어뜨려야 한

다. 그들에게 이별을 아쉬워하는 기회를 주는 것도 중요하다. 이것은 사랑하는 사람과 헤어지는 상황과 비슷하다."[33]

행동단계 9 : 명확한 미래상을 제시하고 조직 내에 전달하라

변화를 경험하고 나면 조직이 어떤 상태에 언제까지 도달해 있을 것인가에 대해 다양한 모임을 통해 적극적으로 알려야 한다.

키포인트 | "명확한 미래상을 제시하는 데는 무엇보다 의사소통이 절대적으로 필요하다. 성공한 최고경영자나 경영 간부들은 믿기 어려울 만큼 많은 시간을 쪼개 구성원들과 일대일 혹은 소규모 모임으로 말 그대로 몇 천 명이나 되는 사람들과 대화를 한다."[34]

행동단계 10 : 영향을 미치는 다양한 요소를 사용하라

정합성 모델의 핵심은 기업을 구성하는 4가지 요소들이 서로에게 영향을 끼치고 있다는 점을 강조한다.

키포인트 | "정합성 모델이라는 관점에서 기업의 모든 구성 요소를 상호 연관된 변화에 영향을 주고 발전시킬 주요 관련 요소로 보아야 한다. 예를 들어 소프트웨어는 무시한 채 하드웨어에만 변화를 집중하는 예가 많은데, 그럴 경우 저항에 부딪혀 좋은 결과를 얻기 어렵다."[35]

행동단계 11 : 변화경영 시스템을 마련하라

변화는 의욕이나 기분으로 성공시킬 수 있는 것이 아니다. 지속성이 승패를 결정하는 만큼 조직은 체계적인 변화경영 시스템을 마련할 수 있어야 한다.

키포인트 | "변화 계획, 변화 총괄 책임자, 자원, 그리고 변화를 지원하는 메커니즘(프로젝트팀, 설계팀, 실험 부문) 등 4가지 요소를 갖추고 있어야 한다."[36]

행동단계 12 : 피드백을 활성화하라

변화경영은 정해진 궤도로 일사불란하게 움직이는 것이 아니다. 끊임없이 상황이 어떻게 돌아가고 있는지 파악한 후 미세한 조정들이 이루어져야 한다.

키포인트 | "경영자는 끊임없이 기업의 분위기를 파악하여 일상적인 업무와 변화 활동 중 잘 돌아가는 부분과 그렇지 못한 부분을 살피는 기능을 설치해야 한다. 이런 피드백의 방법으로는 조사, 소비자 그룹, 공식적인 면접 조사 등 공식적으로 구조화된 방법과 비공식의 개인적인 방법이 바람직하다."[37]

2 변화경영 실천방법

근본적인 변화를 시도하는 모든 조직들은 인지-준비-추진-결실이라는
4단계를 거쳐야 비로소 변화경영을 성공시킬 수 있다.
4단계는 총 20가지의 세부적인 실천단계로 나눌 수 있다.
물론 조직의 규모, 변화의 유형, 해당 업종, 변화의 목적 등을 충분히 고려해
실천단계의 순서와 내용을 조정할 수 있다.

1장

인지단계_
변화를 인지하라

모든 사람은 세상을 바꾼다고 생각한다.
자기 자신을 바꾸는 것을 생각하는 사람은 없다.

Everyone thinks of changing the world,
but no one thinks of changing himself.

- 톨스토이

01_
리더가 깨어 있어야 한다

변화경영은 현재의 상황을 반전시켜 더 나은 상태에 도달하기 위한 일련의 조직적인 활동이기 때문에 늘 실패할 가능성을 내포하고 있다. 우리는 흔히 '실패는 성공을 쟁취하기 위한 필수적인 과정이다'라고 말한다. 하지만 경영자의 실패는 연구개발자나 엔지니어, 영업사원들의 실패와는 다른 차원의 충격을 조직에 가져다주므로 대부분의 경영자는 실패를 가급적 피하고자 한다. 이는 어쩔 수 없는 상황에 도달하기 전까지는 변화경영을 시도하기가 쉽지 않음을 뜻한다.

그 결과 변화의 타이밍을 놓치게 되어 결국 실패하거나 성과를 거두지 못하는 결과를 낳게 된다. 따라서 변화경영에서 가장 중요한 이슈 가운데 하나가 '적시', 즉 타이밍이라 할 수 있다.

언제라는 것은 결국 상황에 대한 판단 능력을 말한다. 우리가 성공적인 변화경영을 위한 구체적인 방법을 이야기하기 전에 경영자 자신의 판단 능력을 거론해야 하는 이유가 바로 여기에 있다.

경영자는 늘 기업의 현주소를 나타내는 각종 경영 수치를 확인할 수도 있고, 현장을 돌아다니면서 기업의 경영 상황에 대한 생생한 이야기를 들을 수도 있고, 신문이나 잡지 그리고 컨퍼런스를 통해 자신이 이끌고 있는 조직이 앞으로 어떤 상황에 처하게 될지 전망해볼 수 있다. 그러나 이 모든 것은 경영자의 판단을 도울 수 있는 보조적인 정보들에 불과하다.

고급 음식점에서 음식을 먹는 경우를 가정해보자. 그 음식 속에는 다양한 재료들이 들어 있지만, 특정 시점에 요리사의 요리법이 더해지면서 최종적인 결과물이 나오게 된 것이다. 경영자도 요리사와 마찬가지다. 아무리 좋은 재료를 갖고 있더라도 특정 시점에 최고의 판단을 내릴 수 없다면 제대로 된 결과물이 나오지 않는다. 이때 유념해야 할 것은 경영자에게 제공되는 재료 자체가 나쁜 것일 수 있다는 점이다. 다시 말하면 경영자의 판단을 돕는 정보 자체가 왜곡될 수 있다.

보스턴컨설팅그룹에서 변화경영과 관련된 다양한 프로젝트를 수행해왔던 지니 다니엘 덕은 경영자들의 판단을 돕는 정보가 왜곡될 수 있음을 이렇게 지적하고 있다.

내가 일해본 대부분의 경영자들은 거의 '일이 어떻게 돌아가고 있는지'를 알고 있다고 단언한다. 하지만 나는 그들이 스스로 생각하는 것만큼 회사 사정을 잘 알고 있지 못하다는 사실을 알게 되었다. 대부분의 경영자들은 수많은 필터를 통해 자신의 회사가 일상적으로 겪는 경험이나 정

서로부터 격리되어 있다. 물론 나쁜 의도에서는 아니겠지만, 회사가 처해 있는 현실과 문제점을 교묘하게 왜곡하거나 자기 나름대로 해석해서 보고하는 사람들도 없지 않다. 관리자들은 자기 부서에서 발생한 문제점은 스스로 처리해야 한다고 믿기 때문에 일부러 상부의 관심을 끌 이유가 없다고 생각한다. 실무에 적극적으로 참여하는 경영자들조차도 일단 변화의 소용돌이에 휩쓸리고 나면 자신의 조직에 대해 제대로 아는 것이 너무나 부족하다는 사실을 절감하게 된다.[1]

경영자들은 항상 자신이 접하고 있는 정보가 왜곡될 수 있으며, 어쩌면 자신이 조직의 현주소를 정확하게 파악하고 있지 못할 수도 있다는 점을 겸허하게 인정해야 한다. 특히 조직의 규모가 큰 경우는 그럴 가능성이 훨씬 커질 수 있다. 따라서 조직 내부 인력들이 정해진 보고 절차에 따라 올리는 자료뿐만 아니라 이해 당사자들, 이를테면 협력업체들과 고객들, 그리고 직원이나 외부 사람들과의 비공식적인 만남을 통해서 이들의 생생한 이야기에 귀를 기울여야 한다. 특히 귀에 거슬리는 이야기를 기꺼이 들을 수 있는 용기를 가져야 한다.

예를 들어 '지난 몇 개월 동안 우리와의 거래가 만족스러웠습니까? 만족할 수 없는 부분이 있었다면 그것은 무엇이며, 어떤 이유라고 생각하십니까? 더 나은 거래를 위해 우리가 무엇을 고쳤으면 좋겠습니까? 주위에 우리 회사를 적극적으로 소개해줄 의향이 있습니까? 없다면 그 이유는 무엇입니까? 다른 회사와 비교하면 어떻습니까? 만일 저희 회사를 맡아서 운영한다면, 무엇을 어떻게 개선하시겠습니까?' 등과 같은 질문에 대한 답을 제시할 수 있어야 한다. 외부 혹은 내부에서의 비공식적인 만남을 통해 조직이 어떻게 돌아가고 있는가를 정확하게 파악하는 능력은 경영자에게 매우 중요한 부분이다.

경영자의 판단은 기업을 살릴 수도 있고 죽일 수도 있다. 그렇기 때문에 경영자는 항상 정확한 정보를 입수해서 조직의 현주소를 정확하게 판단하고자 노력해야 한다. 조직 내부의 정량적인 자료에 조직 외부의 생생한 비판이나 조언을 더할 수 있다면 판단에 필요한 자료를 준비할 수 있다. 그다음에는 이를 바탕으로 자신의 판단력을 최고 수준으로 끌어올리기 위해 노력해야 한다. 판단력은 미래를 대상으로 행사된다. 그렇기 때문에 결과가 밝혀질 때까지 어느 누구도 그 결과의 옳고 그름을 정확하게 알 수 없다. 변화해야 하는 시점을 정확하게 알아차릴 수 있는 경영자를 가진 조직은 큰 자산을 갖고 있는 셈이다. 모든 조직의 경영자는 판단력이 자신이 갖추어야 할 최고의 능력이라는 사실을 인식해야 한다. 판단력을 갖추기 위해서 어떤 노력을 하고 있으며, 어떤 습관을 갖고 있는가에 대해서 스스로 자문해 보아야 한다. 판단력을 강화하기 위한 개인적인 습관이나 시스템을 갖추고 있어야 변화경영에 성공할 수 있다.

이따금 현재의 경영 성과로부터 판단력이 나오는 경우도 있다. 예를 들어 현재의 경영 성과가 연속해서 기대한 것처럼 나오지 않으면 경영자들은 변화의 필요성을 감지하게 된다. 변화경영을 위한 타이밍을 놓친 경우 이런 일이 흔히 발생한다. 문제점이 본격적으로 드러나기 시작하는 경우에는 이미 내부적으로 심각하게 악화된 경우가 많기 때문이다. 대부분의 변화경영은 상황이 악화되었을 때 시도하기 때문에 변화경영의 성공을 위해서 더 많은 시간과 비용, 에너지가 투입된다. 거듭 강조하지만 '시작이 반'이란 속담처럼 변화경영이 시작되는 '타이밍'이 중요하다.

경영자들이 조직을 둘러싸고 일어나는 다양한 변화의 실체를 뛰어난 직관과 통찰력으로 내다볼 수 있다면 그만큼 변화경영의 타이밍을 선택할 때 생길 수 있는 실패나 실수를 줄일 수 있다.

한 저녁 모임에서 K씨를 만났다. 50대를 갓 넘긴 그는 몇 개의 계열사를 거느리고 있기 때문에 늘 바쁘다. 외부 활동에 지나치게 많은 시간과 에너지를 쏟다 보니 사업 초기에 비해 자신의 판단력이 흐려지고 있다는 점에 대해 고심하고 있었다. 그는 상황을 개선할 필요성을 인정하지만 어떻게 해야 할지 잘 모르겠다고 말했다. 몇 년째 계속된 매출 정체 상태를 벗어나려면 변화가 필요한데, 자신의 판단력이나 지식이 부족해 이를 보충할 방법이 없다는 사실에 고민하고 있었던 것이다.

정도의 차이는 있겠지만 대다수 경영자들이 겪고 있는 어려움일 것이다. 일상의 분주함과 처리해야 할 일들의 번잡함 때문에 앞을 내다보고 상황을 타개하기 위한 판단력이 점점 부족해지는 것이다. 그런데 이 같은 부족은 당장의 경영 성과에는 영향을 미치지 않는다. 경영 성과란 과거에 뿌린 씨앗을 거둬들이는 것이므로 현재 조금 소홀히 하더라도 그다지 큰 어려움이 없다. 그러나 K씨는 이렇게 떠밀려가듯이 과거에 해왔던 대로 행동하면 큰 어려움에 직면하게 될 것임을 잘 알고 있기 때문에 강한 불안감을 느낀 것이다. 이처럼 경영자가 본질적인 과제를 놓치면 반드시 비용을 지불하게 된다. 어쩌면 조직 전체가 변화해야 할 타이밍을 놓침으로써 막대한 비용을 지불하는 결과를 낳을 수도 있다. 따라서 경영자는 앞을 내다보고 변화해야 하는 타이밍을 포착하고 이를 판단하는 일이 일상적인 조직 경영만큼이나 중요하다는 사실을 잊지 말아야 한다.

이를 위해 경영자는 시간과 에너지 배분의 우선순위를 재조정해야 한다. 시간과 에너지에 포기와 위임이라는 두 가지 원칙을 적용하면 된다. 그리고 생활 습관을 되돌아보고 자신의 생활을 어떻게 재조정해야 할지에 대해 결단을 내려야 한다. 업무와 미래 준비 사이에 시간과 에너지의 포트폴리오를 어떻게 배분할 것인가에 대한 원칙을 세우고 이를 지켜나가려는 노력이 필요하다. 쉽지는 않겠지만 이것을 얼마나 중요하게 여기는가에 따라 변화경영의 타이밍은 크게 영향을 받을 것이다.

인지적인 측면에서 리더십을 다룬 심리학자 하워드 가드너는 이런 노력에 대해 경영자에게 의미 있는 교훈을 주고 있다. 그는 고도의 리더십을 발휘하는 리더라면 효율적인 리더십을 실천하기 위해 4가지 요소에 주목해야 하는데, 이것들 가운데 하나인 '특별한 생활 리듬'이란 주제에 대해 다음과 같은 주장을 펼치고 있다.

리더는 자신의 공동체와 정기적이고 지속적으로 접촉할 필요가 있다. 하지만 동시에 자신의 내면에서 변화하는 사고, 가치, 전략 등을 알아야 한다. 즉 자신의 마음을 충분히 알고 있어야 한다. 그렇기 때문에 리더는 투쟁이나 사명으로부터 어느 정도 거리를 두고 자신을 돌이켜볼 수 있는 시간과 방법을 찾아야 한다. 나는 이런 습관을 모세가 시내산에 올랐던 사건에 빗대어, '산 정상에 오르기'라고 표현하는데, 이는 매일 산책을 했던 드골의 경우처럼 리더가 갖는 성찰의 시간을 은유적으로 표현해본 것이다. 리더의 삶에 매일 혹은 수개월 혹은 수년간의 고립된 시기를 갖는 것은 대중에게 집중하는 일만큼 중요하다.[2]

이런 의식이 필요한 결정적인 이유는 번잡함이나 분주함만으로는 깨어 있는 상태를 유지할 수 없을 뿐더러, 변화의 결정적인 시기를 놓치는 잘못을 범할 수 있기 때문이다. 현명한 리더라면 의도적이고 정기적으로 성찰의 시간과 장소를 확보해야 한다. 물리적으로 짧은 시간을 규칙적으로 확보하는 것만으로도 큰 성과를 기대할 수 있다.

세계 10위, 아시아 최고의 부호로 손꼽히는 홍콩 청쿵그룹의 리자청(李嘉誠) 회장은 성공의 길을 묻는 기자들에게 "깊이 생각하고 많이 생각하는 것"이라고 답한다. 그리고 "미래를 깊이 생각해야 시장이 변화하는 방향을 제대로 볼 수 있고 시대 발전 방향을 파악할 수 있습니다. 그래야 이런 미래에 대한 이해를 바탕으로 시장이 나아가는 방향을 예측해 경쟁의 주도권도 잡을 수 있지요"라고 덧붙인다.[3] 거부(巨富) 이야기이기 때문에 경영자와는 다소 동떨어진 이야기라고 느낄 수도 있지만, 경영자가 현재와 미래 사이에 어떻게 균형을 유지해나갈 것인가를 두고 고민할 때, 리자청 회장이 말하는 성공 비결을 참조하면 도움이 될 것이다.

첫째 열심히 일하고 인내력과 강한 의지를 갖는 것입니다. 그러나 이것만으로 충분치 않아요. 더 중요한 것은 지식입니다. 특히 자신의 비즈니스 분야에서 가장 업데이트된 지식을 가져야 합니다. 나아가 현재를 넘어 미래 자기 비즈니스가 어떻게 발전할지에 대한 지식이 필수적입니다. 세 번째는 정직과 신뢰로 자신에 대한 좋은 평판을 쌓는 것입니다. (중략) ('퇴근 후나 주말 남는 시간에는 무엇을 하는가' 라는 질문에 대해) 주로 미래를 생각한다고나 할까요······. 업무 시간 중에도 90% 이상은 내년이나 5년, 10년 후의 일을 생각하고 준비하는 데 모두 바칩니다.[4]

02_
리더가 절박해야 한다

　비즈니스 세계는 계속해서 변화해간다. 현재 거두고 있는 성취가 있다면 그것은 과거에 내린 판단과 노고의 산물일 뿐이다. 하지만 작은 성취에 연연해하고 그것에 계속해서 의지하고 싶어 하는 것이 인간의 본성이다. 크게 악화된 경영 성적표가 눈앞에 드러나지 않는 한 경영에 대해서 기업 구성원들은 '절박감'을 갖기 어렵다. 이런 면에서 보면 보수를 받는 경영자는 그 밖의 구성원들에 비해 절박감이 강하지만, 지배주주의 절박감과는 비교할 수 없다. 때문에 '월급쟁이'라는 단어가 등장한 건지도 모른다.
　실제로 보수를 받는 경영자들이 경영 실패로 인해 지불해야 하는 비용은 직장을 잃거나 평판이 추락하는 정도이다. 때문에 그들이 경영 성과나 조직의 부침에 목숨을 걸어야 할 정도의 심각함을 느끼지 않는 것은 어떤 면에서 당연하다 할 수 있다.

하지만 지배주주들은 다르다. 경영 상황이 악화될 가능성이 드러날 때 지배주주들이 느끼는 심적인 부담은 매우 클 수밖에 없다. 자신의 이익이 크게 걸려 있는 지배주주들에겐 굳이 이런 지면을 빌려서 '당신은 절박한가?'라는 질문을 던질 필요가 없다. 이미 그들은 24시간을 25시간처럼 살고 있을 것이다.

이따금 체질적으로 완벽함을 추구하는 데 익숙하거나 최고의 성과에 대한 집착이 강한 경영자들을 만날 때가 있다. 이들은 지배주주가 느끼는 정도의 강한 절박감을 갖고 살아가는 데 익숙한 사람들이다.

그동안의 경험으로 미루어볼 때 절박감은 일종의 강박관념에 가까운 심적 상태라 할 수 있다. 물론 강박관념 앞에 '건설적'이란 형용사를 붙일 수도 있을 것이다. 이런 경영자를 둔 조직은 대단한 자산을 갖고 있는 셈이다. 승부욕이 강하고 최고를 달성해야 한다는 강한 믿음을 가진 경영자들은 조직 내에서 지배주주 못지않게 스스로 최고의 성과를 달성하기 위해 줄달음친다. 이들에게는 항상 잘못하면 망할 수 있다는 두려움과 최고가 되고 싶다는 욕망이 뒤섞여 있기 때문에 절박함으로 무장되어 있는 사람들이라 할 수 있다. 마치 '성과=증거'라고 믿고 있는 듯하다. 자신의 존재 이유 자체를 성과와 연결시키는 사람들인 것이다.

하지만 경영자들 가운데는 자신의 자리를 즐기는 사람도 있다. 지배주주의 이익이나 조직의 이익에 관계없이 자기 나름의 목적 함수를 설정하고 그에 맞추어 적절히 자신의 시간과 에너지를 배분한다. 조직 경영에서 경영자가 조직이나 주인의 이익보다는 자신의 이익을 앞세우는 행동을 말할 때 사용되는 '주인-대리인 문제'는 정도의 차이가 있을지 몰라도 어느 기업에서나 관찰되는 일이다. 참고로 주인의 위임에 의해 임명된 경영자가 주인의 이익보다는 자신의 이익을 위해 살아가는 사례는 그 역사가 매우 깊다. 대영제국의 역사를 흥미 있게 기록한 닐 퍼거슨 교수의 《제국》을 보면, 인도 지배를 위해 영국이 운영하던 동인도주식회사의 최대 난제 가운데 하나가 바로 대리인 문제였다는 얘기가 나온다. 영국에서 출발한 배가 인도에 도착하는 데 무려 6개월이나 걸렸기 때문에 고용인들은 주식 소유주나 회사의 이익에는 아랑곳하지 않고 자기 사업에 골몰하였다.

동인도회사의 피고용인들은 많은 자유를 누릴 수 있었다. 그리고 그들이 받는 봉급이 그리 많지 않았기(서기나 사무원은 1년에 5파운드의 기본급을 받았는데, 이것은 잉글랜드의 가내 하인이 받는 것보다 그리 많지 않았다) 때문에 대부분의 피고용인들은 부업 삼아 자기 명의로 사업하기를 주저하지 않았다. 이것은 나중에 '레든홀가 경제의 옛 원리 : 적은 봉급, 막대한 부수입'이라는 표현으로 비아냥거리며 풍자되었다. 어떤 이들은 더 나아가 회사 근무를 완전히 팽개치고 자기 사업을 벌이기도 했다. 이들이 바로 무면허 상인들로 동인도회사의 주주들에게는 큰 골칫거리였다.[5]

현대의 업무는 헌신, 몰입과 같은 지적 노동을 요구하기 때문에 피고용인의 머리와 가슴속에서 어떤 일이 일어나고 있는가를 어느 누구도 측정할 수 없다. 따라서 대리인 문제는 여전히 경영의 중요한 과제 가운데 하나로 자리 잡고 있다.

주인이 추구하는 목표와 대리인으로서 위임받은 경영자가 추구하는 목표는 다를 수 있다. 물론 이 같은 목표 차이는 드러내놓고 이야기할 수 없지만 현실 세계에서는 광범위하게 관찰할 수 있는 사례 가운데 하나이다.

절박하지 않은 경영자는 변화경영을 추진하더라도 그 일을 위임하기를 좋아한다. 자신은 큰 것만 대충 보고받고 나머지는 실무자가 추진하는 식으로 변화경영을 이끌어가는 것이다. 이런 경우에 변화경영은 거의 실패로 끝난다.

직접 진두지휘하느냐의 여부는 변화경영의 성공에 진짜로 목숨을 걸고 있는가라는 문제로 연결된다. '잘되면 좋고, 그렇지 않아도 할 수 없다'는 마음으로 경영자가 변화경영을 추진하면 직원들은 곧바로 그것이 필수가 아니라 선택 사항임을 알아차리게 된다. 조직에서 추진하는 다른 일들도 마찬가지겠지만, 변화경영을 우선순위에 두고 경영자가 직접 진두지휘하지 않는 한 만족할 만한 성과를 기대하기 어렵다.

한 가지 흥미로운 사례를 살펴보자. 여러 조직에서 강연을 하다 보면 비슷한 상황을 경험하게 된다. 이따금 다른 기업에서 하니까 우리도 해야 한다는 생각 때문에 강연회를 개최하는 경우가 있다. 이때는 대개 참가율이 저조하다. 경영자가 참석하지 않는 경우가 대부분이기 때문이다. 아랫사람들이 알아서 참석하면 되고 자신은 그런 모임에 참석할 필요가 없다고 생각하는 것이다.

한번은 지방에 있는 B사에서 강연을 한 뒤 담당 임원과 이런 대화를 나눈 적이 있다.

"참가율이 저조해서 죄송합니다. 아무래도 일과 후 저녁 시간대에 하니까 참석하는 비율이 떨어집니다. 다른 방법을 찾아봐야겠습니다."

"글쎄요. 다른 방법이란 것이 있겠습니까? 경영자가 직접 직원들에게 강의 참석의 중요성을 강조하고, 경영자 스스로가 강의 참석을 최우선에 두지 않는다면, 아마 다른 방법을 사용해봐도 이런 수준을 크게 벗어나지는 못할 것입니다."

이런 경우 대부분 강의 집중도 매우 낮다. 이는 직원 모임의 중요성이나 기회비용을 경영자가 그다지 높게 평가하지 않음을 의미한다. 그런데도 원인을 다른 것으로 돌린다는 사실이 놀라울 뿐이다. 전시성 행사들은 대개 이런 모습을 보인다. 이것이 변화경영에 주는 메시지는 명확하다. 경영자가 변화경영에 조직의 명운을 걸 정도로 적극적이지 않는 한 성공을 기대하기란 쉽지 않다는 것이다.

하지만 정반대의 경우도 있다. 공적 기관이 가진 약간의 느슨함에도 불구하고 경영자들이 직접 참가해서 '이것은 매우 중요하다. 우리가 함께 이것을 성공시켜야 한다'라고 생각하는 경우는 강의 집중도가 180도 달라진다. 이처럼 경영자가 직접 참가하고 헌신할 수 있어야 한다.

HP에서 변화경영을 이끌었던 칼리 피오리나는 매우 중요한 교훈을 들려준다. 구체적인 것은 실무자들이 처리하고 최고경영자는 큰 그림만 챙기겠다는 발상이 얼마나 위험한 것인지를 지적한 대목이다.

변혁이 요구된다면, 최고경영자는 이런 운영상의 세부 사항들을 다른 사람들에게 그냥 넘겨서는 안 된다. 물론 비즈니스에서는 CEO가 위임해야 하는 세부사항들이 있지만, CEO 혼자 높은 곳에서 통솔하거나 큰 그림에만 주력해서는 안 된다. 또 결과는 큼직한 아이디어가 아닌 세부사항에 대한 것이다. 최고경영자라면, 직원들이 자기 업무를 하는 것과 세부사항들이 적절하게 챙겨지는지 지속적으로 입증하는 것 사이에서 균형을 잡아야 한다. 그런 다음 필요한 궤도 수정을 해야 한다. 어떤 이는 내가 '작전하는 타입'처럼 보이거나 말한다고 생각했다. 실제로 비즈니스에서 실적을 내본 사람이라면 안다. 작전적인 실행은 경영자의 본질이지, 스타일이나 인성의 문제가 아니라는 것을.[6]

'남들도 하니까 한번 해봐?' 라고 시도하는 일 치고 성공하는 일은 없다. 특히 변화경영을 시도하기를 원하는 사람이라면, '추진하다가 안 되면 그만이다' 라는 생각을 해서는 안 된다. 변화경영은 외나무를 건너는 일과 같다. 물론 어려움을 경험하고 난 다음 원래의 위치로 되돌아갈 수 있다. 그러나 변화경영을 시도하였다가 성과를 거두지 못하면 조직은 이미 상당한 기회비용을 지불한 상태에 놓이게 된다. 그것은 막대한 비용이나 시간을 놓쳐버린 것에 그치지 않는다. 변화경영의 실패를 맛본 조직은 '거봐, 우리는 안 돼. 내가 뭐라고 했어' 라는 패배감과 함께 변화의 피로 증세가 누적되므로 새로운 기회를 만들어서 다시 변화경영을 시도하기는 힘들다. '죽기를 각오해야 산다', 이른바 즉사생의 정신으로 임해야 한다. 이런 출발점은 최고경영자는 물론 그를 보필하는 경영층의 절박함에서 나온다. 열정도 전염되지만 절박함도 전염된다는 사실을 염두에 두어야 할 것이다.

03_
인식의 차이를 좁혀라

경영자가 '다들 내 마음 같을 것이다'라는 가정을 바탕에 두고 무리하게 변화를 시도하다가 낭패를 보는 경우가 있다. 조직을 둘러싸고 일어나고 있는 변화의 실상에 대해 경영자와 구성원들이 느끼는 인식의 차이가 생각보다 크기 때문에 벌어지는 일이다. 인식의 차이는 사람들의 마음속에서 일어나는 일이므로 측정할 수 없고 통제 가능성도 낮기 때문에 인식의 차이를 좁히는 일은 쉽지 않다. 경영 현황을 나타내는 수치에 대한 해석의 차이 때문에 인식의 격차가 발생하는 경우는 문제 해결책이 있지만, 세상을 바라보는 관점의 차이가 있는 경우는 시간과 비용을 들이더라도 변화경영의 효과를 거두기가 쉽지 않다.

　인식의 차이를 좁히기 위해서는 무엇보다 먼저 환경 변화에 대한 사실을 공유하는 작업이 이루어져야 한다. 사람들은 대부분 현상을 유지하고 싶어 하므로, 변화를 시도하기 위해서는 반드시 변화에 동참해야 하는 이유와 그 필요성을 충분히 납득시켜야 한다. 그리고 변화에 동참하지 않을 때 자신뿐만 아니라 조직이 지불해야 하는 단기·중기·장기의 비용에 대해서도 생각할 수 있도록 만들어야 한다. 이런 작업을 하나의 프로젝트라고 생각한다면 가장 먼저 어떤 일들이 이루어져야 할까?

우선 사실을 알기 쉽게 제대로 정리하는 작업이 이루어져야 한다. 사실은 현재, 과거, 미래라는 시간 순으로 정리할 수 있다.

현재 우리의 경영 상황은 어떤가? 현재 우리의 주력 상품이나 서비스는 어떤 상황에 처해 있는가? 경쟁력은 충분한가? 어려움이 있다면 그 원인은 무엇인가? 표면에 드러나지 않지만 우리가 갖고 있는 구조적인 취약점은 무엇인가? 경쟁사들은 어떻게 움직이고 있는가? 등과 같이 현주소를 정확하게 이해할 수 있는 정보들을 조직 전체가 취합하고 정리하여 이를 제대로 구성원들에게 알리는 노력이 필요하다.

다음으로 필요한 것은 과거에 대한 부분이다. 조직이나 주력 상품, 주력 서비스의 성장사는 현재 상황을 파악하는 데 보조적인 자료로 얼마든지 활용할 수 있다. 시간의 흐름과 함께 조직과 경쟁사들이 어떤 식으로 변화해왔는지에 대한 정보 정리 작업도 함께 이루어져야 한다.

그리고 앞으로 조직은 어떤 상황에 처하게 될 것인지 미래에 대한 부분이 첨가될 때 과거와 현주소가 힘을 얻는다. 이런 작업에는 최상, 정상, 최악이라는 세 가지 시나리오가 덧붙여질 수 있다. 이런 정보들이 한두 번 제공되는 것이 아니라 지속적으로 조직 구성원들에게 제공되고, 이런 정보들을 구성원들이 자신의 문제로 받아들이도록 설득할 수 있어야 한다. 구성원들에게 정보를 제공하는 데 있어 도움이 될 만한 두 가지 방법을 제안하고 싶다. 첫째, 시각적인 자료나 사례를 활용해서 사람들에게 실상을 알려주어야 한다. 조직의 현주소와 미래를 아우르는 이야기를 포함할 수 있다면 더욱 도움이 될 것이다. 둘째, 조직의 최고경영자나 경영층 가운데 이야기 전달 능력이 뛰어난 사람들이 사실에 바탕을 둔 설득 작업을 펼칠 수 있다면 크게 도움이 될 것이다. 최선의 방법은 최고경영자가 스스로 충분히 사실을 숙지하고 소화한 다음, 기억에 남을 만한 인상적인 이야기 속에 조직의 실상을 담아서 변화의 필요성과 의미를 직접 전달하는 것이다.

이때 유의할 점은, 변화를 시도할 때면 음해성 루머나 유쾌하지 못한 소문들이 소리 소문 없이 조직 내에 퍼지게 된다는 것이다. 변화에 저항하는 사람들이 이런 소문을 조직적으로 퍼뜨릴 때도 있지만, 출처불명의 나쁜 소문들이 꼬리를 물고 일어나는 경우가 많다. 변화가 가져오는 불확실성 때문에 이런 오해를 근본적으로 없애버릴 수는 없지만, 그래도 돌파구를 찾을 방법은 있다. 변화경영과 관련된 각종 오해의 상당 부분이 개념에 대한 이해 부족에서 생겨난다는 사실을 인식하는 것이다.

그러므로 변화경영이 성공적으로 자리 잡을 때까지 소식지를 별도로 제작하면 많은 도움이 된다. 변화경영의 필요와 의미를 설득하기 위한 시각적인 자료나 이야기, 변화경영을 시도하는 과정에 등장하는 각종 개념들에 대한 정확한 정의, 타사와 자사의 변화경영 성공 사례 등을 담아 소식지를 구성하면 비용 면에서도 크게 무리가 되지 않는다. 그 밖에 사내 방송과 같은 영상매체도 활용하기에 따라서 얼마든지 효과를 발휘할 수 있다.

변화경영 전문가인 존 코터는 변화를 위한 사실을 전달함에 있어 2가지 접근 방법을 대비시키고 있다. '본다-느낀다-변화한다' 라는 접근 방법이 '분석한다-생각한다-변화한다' 라는 접근 방법보다 훨씬 우수하다고 지적한다. 한편 하워드 가드너는 특별히 교육받지 않은 대다수 성인들로 이루어진 집단을 설득하는 일을 '다섯 살 된 아이들의 마음에 호소하는 일'에 비유한다. 물론 이런 경우는 국가처럼 이질적인 구성원들로 이루어진 집단을 상대로 하는 설득 작업에 해당한다. 조직의 경우에는 다섯 살 된 아이를 설득하는 일보다는 쉽겠지만, 그래도 전문가들을 상대로 설득할 때 사용하는 방법보다는 훨씬 쉽고 평이해야 한다. 이런 점에서 볼 때 존 코터의 접근 방법은 귀 기울일 만하다.

첫째, 사람들이 볼 수 있도록 돕는다. 설득력 있고 눈에 띄며 극적인 상황이 연출되도록 하여 사람들이 문제나 그에 대한 해결책 또는 변화의 8단계(편집자 주 : 변화의 모든 단계) 중 나타난 어려움을 극복하는 진행 상황을 눈으로 볼 수 있도록 돕는다.

둘째, 새로운 것을 보면 감정이 움직인다. 새로운 것을 눈으로 확인하게 되면, 사람들은 피상적인 사고에서 벗어나 마음속 깊이 변화의 아이디어를 받아들이게 된다. 직접 확인함으로써 사람들은 마음속 깊이 반응하게 되어, 지금까지 변화를 가로막던 부정적인 감정들을 삭일 수 있게 되고 변화를 지지하게 된다.

셋째, 감정적으로 변화된 아이디어는 행동을 변화시키거나 행동의 변화를 강화한다.[7]

사실을 전달할 때 경영자들이 주목해야 할 부분 가운데 하나가 감정이 제대로 개입되지 않을 때는 학습이 이루어지지 않는다는 사실이다. 프랑스의 저명한 외과의사인 앙리 라보리(Henri Laborit)는 감정이 없으면 학습이 이루어지지 않는다는 사실과 동시에 감정이 격렬할수록 경험은 더욱 명확하게 학습된다는 주장을 편 적이 있다.[8] 따라서 글자로 장황하게 전달하는 것보다 사실에 감정이 들어가도록 전달하는, '본다-느낀다-변화한다' 라는 접근 방법이 더욱 효과적이다.

이 책의 초고를 마치고 다시 다듬는 작업을 할 때였다. 영국의 이코노미스트지가 펴낸 《이코노미스트 2007 세계대전망》을 읽었는데, 그 책을 통해 연초에 사람들의 관심을 모았던 모 자동차회사의 노동조합이 주도하는 분규를 다른 시각으로 바라볼 수 있었다.

중국과 인도의 자동차 기업의 성장이 현재 어떤 모습으로 이루어지고 있으며, 앞으로 어떤 식으로 전개될 것인지를 전망한 내용이었다. 이 책은, 2008년 초반에 인도의 타타(Tata)사가 인도 시장에 2,500달러짜리 자동차를 내놓을 것이며, 지금은 품질 문제가 있겠지만 얼마 지나지 않아서 세계 시장의 상당 부분을 차지할 것이라는 결론을 내리고 있었다. 궁극적으로 생산에 투입되는 강철 가격보다 더 낮은

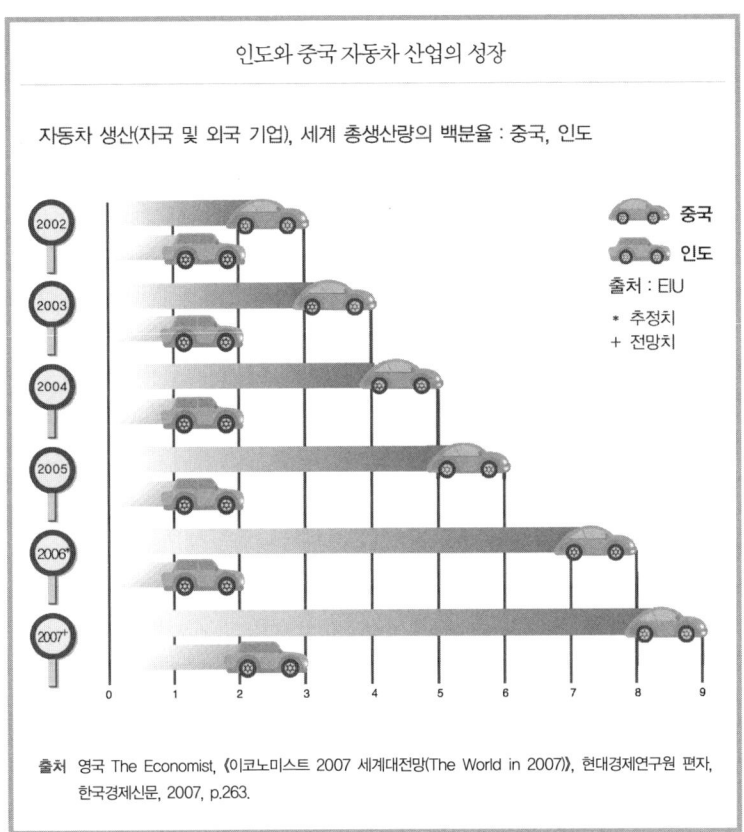

가격의 자동차 생산이 가능할 것으로 본다는 내용이었다.

필자는 이 같은 정보를, 해마다 노사분규로 홍역을 치르는 조직의 구성원들에게 전달할 필요가 있다고 본다. 좋은 시절이 얼마 남지 않았다는 점, 그리고 지금부터 준비하지 않으면 어떤 운명에 처하게 될 것인지를 구성원들에게 전달해야 한다.

위 그래프처럼 시각적으로 표현하면 세계 자동차 시장이 앞으로 어떻게 될지 누구나 쉽게 알 수 있을 것이다. 분발해야 하고 정신을 차리지 않으면 안 된다는 점을 강조하는 데 이 자료 하나만으로 충분할 것이다. 이런 종류의 정보들이 원활하게 구성원들에게 제공되면 구성원들이 사실을 직시하는 데 도움이 될 것이다.

이 기사를 쓴 그레엄 맥스턴은 위의 그래프를 소개하면서 다음과 같은 글을 덧붙였다.

서구 시장에 파고들고자 노력하던 중국 자동차 회사들이 진퇴양난에 빠졌다. 경쟁력 있는 차를 만드는 일이 처음에 그들이 생각했던 것만큼 쉽지 않았기 때문이다. 2005년 소수의 랜드윈드 차가 유럽에 소개되었지만 의도했던 영향력을 미치는 데는 실패했다. 심지어 독일의 충돌 테스트 전문가들은 랜드윈드가 당시까지 테스트했던 차 중 가장 위험하다고 밝혔다. 결국 중국 기업들은 수출 계획을 연기하게 되었고, 이에 따라 세계의 수많은 자동차 회사들이 동시에 안도의 한숨을 내쉬고 있다.
그러나 한숨을 참고 있는 게 더 나을지 모른다. 중국의 자동차 회사들(그리고 인도의 자동차 회사들)은 조금도 절망하지 않기 때문이다. 선진국의 자동차 회사들은 친디아의 라이벌들이 언제 자국 시장에 진출할지에 대한 걱정은 덜었지만, 어떤 방법으로 진출할지에 대한 걱정은 늘었다. 중국과 인도 기업들은 게임의 규칙을 바꾸고 싶어 한다.
타타(Tata), 쉐리(Chery), 길리(Geely) 및 기타 기업들은 확실히 소비자가 원하는 소형차를 만들고 있다. 이를 가능하게 한 것은 저렴한 비용이다. 전통적인 사고로는 방대한 규모의 경제와 자본집약적 생산이 필요하다. 이에 불만을 표시하는 해외 자동차 회사의 경영진들에 따르면, 상하이 메이플, 그레이트 월 같은 기업들은 생산에 투입되는 강철 비용보다 더 낮은 가격에 차를 판매하고 있으며, 중국의 내수 기업들이 자신들의 기술을 복제하고 자동차에 보조금을 지급하고 있다고 주장한다. 또한 중국 내수 기업의 기술은 그저 외국 기업으로부터 배운 것에 불과하고 자신들이 더욱 효율적으로 노동집약적 생산을 하고 있다고 주장한다.

중국과 인도의 자동차 회사들은 생산능력을 확충하고 새로운 모델과 기술에 많은 투자를 하고 있다. 널리 알려진 대로 지난 몇 년간 타타는 2008년 초반 출시를 목표로 10만 루피(약 2,500달러)짜리 차를 개발 중이다. 물론 이 차는 인도 시장에 적합하게 계획되었기 때문에 선진국에는 판매되지 않을 것이다. 그러나 타타의 자동차사업 책임자 라비 칸트(Ravi Kant)는 타타가 선진국 시장에 진출하는 것은 시간 문제라고 자신한다. 그는 두 손을 뻗어 한 손이 다른 손보다 아래쪽에 위치하도록 한다. 이어서 아래쪽 손을 흔들며 설명한다. '나는 여기 있습니다. 매우 저렴한 비용을 바탕으로 하고 있으나 앞으로 품질을 개선해야 합니다. 그러면 여기 있게 되겠죠.' 이제 그는 위쪽 손을 흔들고 있다. 만약 그의 말이 맞다면, 선진국의 자동차 회사들은 어떻게 차를 팔고 무엇으로 차를 만들지 고민해야 할 것이다. 또한 지금까지처럼 연간 5%의 비용을 절감하는 것이 아니라, 비용 자체를 절반으로 줄이는 방법을 연구해야 할 것이다. 여기에 1년 남짓한 시간이 주어졌을 뿐이다.[9]

04_
마음의 틀에 투자하라

사람들은 저마다 정보를 나름대로 해석하는 인식의 틀을 갖고 있으므로 어떤 정보를 갖게 되었을 때 모든 사람들에게 똑같은 반응을 기대할 수는 없다. 심리학자 하워드 가드너는 한 개인이 정보를 받아들이고, 해석하고, 보유하고, 이용하는 특정한 방식에 대해 '정신적 표상들'이란 용어를 사용하는데, 필자는 이를 두고 '마음의 틀'이라 부르기도 한다.

사람들은 저마다 세상을 바라보는 나름의 틀을 갖고 있다. 다시 말해서 세상을 이해할 때 나름대로 진실이라고 믿는 개념을 바탕으로 생각하고 해석하고 행동한다.

우리들에게 친숙한 '80/20법칙'을 생각해보자. 산출의 80%는 투입의 20%가 결정한다는 것은 일종의 개념이다. 이런 개념을 받아들이는 사람은 80%라는 결과를 낳는 20%의 원인에 집중한다. 결과적으로 그들은 선택과 집중에 익숙하다. 경영자나 세일즈맨의 경우, 시간 활용이나 자원의 사용, 행동의 선택에 있어 다른 사람과 많은 차이가 날 것이다.

하지만 대부분의 사람들은 '50/50법칙'으로 세상을 이해한다. 50%의 원인(투입)이 50%의 결과(산출)를 낳는다고 믿는 것이다. '80/20' 대신에 '50/50'이란 개념을 갖고 있는 사람은 시간이나 자원, 관심 등을 모두에게 골고루 나눠주어야 한다고 생각한다. 머릿속에 80/20법칙에 비중을 두는지 혹은 50/50법칙에 비중을 두는지는, 결국 정신적 표상들이 어떻게 차이가 날 수 있는가를 가르쳐주는 사례 가운데 하나이다.

조직의 구성원들이 변화하는 것을 당연하게 여기고 적극적으로 동참할 수 있느냐의 여부도 변화에 대한 정신적 표상이 어떻게 만들어져 있는가와 밀접하게 연결되어 있다. 강력한 힘을 가진 노동조합이 지배하는 조직은 매년 반복적으로 갈등을 겪는다. 이런 경우 다수의 구성원들은 경영자와 정신적 표상이 다른 경우가 많다. 예를 들면 조직에 대한 정의, 노동조합에 대한 정의, 사회에 대한 정의, 자본가에 대한 정의, 조직이 만들어낸 부의 분배에 대한 정의 등에 있어 뚜렷한 인식 차이를 가지고 있다.

정신적 표상의 위력은 어떤 정보가 주어지더라도 자신이 갖고 있는 정신적 표상에 맞춰 해석해버리는 데 있다. 그러므로 경영자들은 변화경영에 대해 구성원들이 올바른 개념을 가질 수 있도록 평소에 꾸준히 지적 투자를 해야 한다. 하워드 가드너는 이를 두고 '마음의 변화'라는 용어를 사용하면서, 마음의 변화를 일으키는 중요한 요인으로 개념, 이야기, 이론, 기술을 들고 있다.

하워드 가드너는 정신적 표상을 변화시키는 일의 가능성에 대해서 다음과 같은 주장을 펼치고 있는데, 경영자들은 이것이 조직의 변화에 어떤 의미를 갖고 있는가를 생각해볼 필요가 있다.

대부분의 정신적 표상은 선천적으로 주어지는 것이 아니며 그것들을 한 번 채택했다고 해서 다시 바꿀 수 없는 것도 아니다. 우리들의 용어로 표현하자면, 그것들은 시간이 흐르면서 우리의 마음(뇌)에서 서서히 구성되는 것으로 개혁되고, 개조되고, 재구성되고, 변형되고, 합쳐지고, 고쳐지고, 훼손될 수 있다. 요컨대 그것들은 우리의 지배 하에 있으며, 우리의 의지로 움직일 수 있다.

정신적 표상은 불변하는 것이 아니다. 분석가들이나 자기성찰에 익숙한 사람들은 그것들을 펼쳐볼 수 있고, 완전히 바꾸기는 어렵더라도 변화를 가져올 수 있다. 뿐만 아니라 우리는 다양한 방식으로 결합할 수 있는 수많은 정신적 표상을 얼마든지 가지고 있기 때문에 정신적 표상이 변화할 가능성에는 기본적으로 아무런 제한이 없다.[10]

개념과 이야기를 예로 들어보자. 구성원들이 변화를 삶의 자연스러운 한 부분으로 받아들일 수 있도록 만들어야 한다. 다시 말해 '사계절이 바뀌는 것처럼 우리는 계속해서 과거를 버리고 새로운 것을 향해서 나아가야 한다'는 것을 삶의 중요한 버팀목으로 받아들일 수 있도록 이끄는 것이다. 이를 위해서 변화에 대한 개념을 구성원들에게 소개하는 일뿐만 아니라, 변화를 삶의 한 부분으로 받아들인 이야기를 들려주어야 한다.

한때 스펜서 존슨의 《누가 내 치즈를 옮겼을까》라는 책이 오랫동안 베스트셀러에 오를 수 있었던 것도, 변화에 대해 우호적인 생각을 가진 경영자들이나 개인들이 평소에 가져왔던 변화에 대한 생각을 작가가 제대로 표현하였기 때문이다. 더욱이 저자가 재미있는 사례를 통해 변화를 다루었기 때문에 더욱 인기를 끌었을 것이다. 개념과 이야기를 동시에 전달한 대표적인 사례다. 이런 이야기를 통해서 변화에 대한 개념을 바꾸어갈 수 있고 궁극적으로 이와 유사한 활동들을 통해 장기간에 걸쳐 정신적 표상을 바꿀 수 있을 것이다.

앞의 인용문에서 하워드 가드너가 지적한 것처럼, 정신적 표상을 바꾸는 작업은 그것이 만들어지는 데 걸린 시간만큼이나 매우 긴 시간이 걸리는 일이다. 어쩌면 조직이 추구하는 다른 많은 종류의 혁신보다 더욱 오랜 시간이 걸리고 힘든 작업일 것이다. 그러나 불가능한 것은 아니다. 이를 위해 권할 만한 방법 가운데 하나는 읽고 토론하는 일이다. 변화 지향적인 문화를 조성하길 원하는 경영자라면 독서를 통해서 조직 구성원들이 변화 친화적인 마인드 세트로 무장할 수 있도록 도와주어야 한다.

하지만 이런 일은 당장 표가 나지 않기 때문에 투자에 인색한 경우가 많다. 또한 그런 부분에 관심을 갖고 있다 하더라도 치밀한 계획을 세워 꾸준히 추진하는 경우는 보기 드물다. 남들이 하니까 따라 하는 정도로는 효과를 거두기 힘들다. 변화에 대한 정신적 표상이 가진 중요성이 얼마나 큰가를 깊이 인식하는 경영자라면 변화경영의 지적 인프라 구축 작업에 시간을 투자하고 노력을 기울여야 한다. 관련 정보가 담긴 생생한 강연이나 동영상 자료들도 도움이 될 것이다.

매년 반복적으로 노사분규에 빠지는 조직들을 보면서, 필자는 경영자들에게 '이제까지 정신적 표상의 변화를 위해 얼마나 투자를 해왔는가'라고 묻고 싶을 때가 있다. 처음부터 마음속으로 '그들은 안 된다'라는 결론을 내려버렸거나 아니면 항상 단기적인 업적 때문에 한두 번 하다가 만 경우가 많았을 것이다. 그리고 조금 시도해보다가 결과가 눈에 띄지 않자 중도에 포기한 경우도 많았을 것이다. 또는 그런 교육 기회조차 봉쇄되었을 수도 있다. 변화에 대한 마인드 세트의 정립은 변화경영의 성공 여부에도 큰 영향을 미치지만, 변화경영을 지속적인 하나의 프로세스로 자리 잡게 하는 데 매우 중요한 비중을 차지한다는 것을 명심하기 바란다.

하워드 가드너는 정신적 표상의 새로운 창조와 개조를 통해 '학습하는 회사'를 강조한다.[11] 실제로 몇몇 기업의 변화경영 추진 과정을 지켜보면서, 필자는 경영자들이 변화경영의 승패가 사람들의 마음을 바꾸는 일에 의해 크게 좌우된다는 점을 깨우치고 늦게나마 '정신적 표상 변화' 프로젝트를 시작하는 경우를 본 적이 있다. 이런 작업의 중요성을 변화경영의 초기 단계에 깊이 인식한다면 변화경영의 성과를 극대화하는 데 도움이 될 것이다.

읽고 듣고 토론하는 것은 깨우치는 과정이다. 그런 과정을 거치지 않고 변화에 대한 마음의 틀을 바꿀 수는 없다. 그러나 컨설팅 회사들은 이런 부분의 중요성을 간과하고 있다. 시간도 오래 걸리고 눈으로 보거나 만질 수도 없는 것이 사람의 마음에서 진행되는 변화이기 때문이다. 그렇다 하더라도 경영자는 변화경영의 초기 단계에 정신적 표상의 중요성을 깊이 인식해야 한다. 일단 그렇게 생각하면 그다음에 무엇을 어떻게 해야 할 것인지 알 수 있을 것이다.

변화경영을 시작하는 경영자들은 대다수 구성원들의 마음을 차지하고 있는 내용에 대해서 깊은 관심을 가져야 한다. 그리고 이를 자신이 원하는 이상적인 상태로 변화시켜나가는 일이 변화경영에 매우 중요한 과제임을 확신해야 한다.

외환위기를 경험하면서 많은 기업들이 사라졌지만 국내에서 이름만 대면 알 만한 D그룹은 위기를 극복하고 재무구조를 비롯해 사업구조 면에서도 탄탄한 기업으로 거듭나는 데 성공하였다. 물론 그들은 자신의 성과를 두고 결코 성공이란 단어를 사용하지 않는다. 30여 년간 D그룹에서 근무하다가 동종 업계의 다른 기업에서 근무하고 있는 K씨는 "바깥으로 그다지 알려지지는 않았지만, 경영혁신의 사례로 연구해볼 만한 대상입니다. 비결이 있었다면, 그것은 입사 때부터 체계적으로 이루어진 교육일 것입니다. 변화 지향적인 마인드와 조직에 대한 충성도를 높이는 데 교육만한 것은 없다고 봅니다"라고 말한다.

그들이 '정신적 표상' 이나 '마음의 틀'을 처음부터 고려하지는 않았을 것이다. 하지만 D그룹의 변신은, 지속적으로 추진되는 경영혁신이 잘 닦여진 도로망 위를 달리는 자동차와 같음을 보여주고 있다. 어느 조직에서나 약 20%의 사람들은 위기를 감지하고 기꺼이 공감할 준비가 되어 있다고 한다.[12] 이들 외에 나머지 사람들의 정신적 표상에 대한 설득 작업이 평소에 꾸준히 이루어져야 한다.

05_
위기감과 분노를 공유하라

변화경영에는 특별한 지배적인 분위기가 필요하다. 그러므로 다수의 구성원들이 '현재의 상태로는 더 이상 안 된다'는 상황을 공감하게 만들어야 한다. 이 같은 상황 인식은 위기감의 형식으로 드러나며, 상황 타개를 위한 해결 방법을 찾는 데 큰 도움이 된다.

위기감은 조직 전체뿐만 아니라 개인의 문제로까지 파급되어야 한다. 개인은 위기감을 자신의 문제로 인식할 때 더욱 분발하기 때문이다. 변화경영 역시 예외가 아니다. 변화가 가져올 수 있는 파급효과를 개인적인 문제로 받아들이고, 이러한 문제에 대해서 개개인의 강한 각성과 자각이 뒷받침될 때 변화경영은 제대로 시행될 수 있다. 앞에서 설명한 변화경영을 위한 인식 단계의 4가지 과정, 즉 깨어 있기, 절박하기, 인식의 차이 좁히기, 마음의 틀에 투자하기는 모두 위기감 조성과 불가분의 관계를 가지고 있다. 위기감을 갖게 된 개인은 너나 할 것 없이 무엇을 어떻게 해야 위기를 극복할 수 있을 것인가라는 과제에 대한 해답을 찾을 것이고, 이런 상황에 도달할 수 있어야 제대로 된 변화경영이 이루어질 수 있다.

변화경영의 필요성을 느낀 경영자는 강한 위기감을 갖고 있을 가능성이 높다. 이런 위기감을 어떻게 하면 전사적으로 확산할 수 있을 것인가, 얼마나 효과적으로 빠른 시간 내에 위기감을 퍼뜨릴 수 있을 것인가라는 과제야말로 변화경영의 인식 단계에서 매우 중요하다.

외견상 잘 나가는 기업에서 위기감을 조성하는 일은 무척 어려운 과제이다. 경영진을 제외한 다수의 구성원들은 다가오는 위기를 직시하지 못하기 때문이다. 때로는 경영진이 의도적으로 꾸며내는 이야기라고 받아들일 수도 있다. 특히 신뢰가 축적되어 있지 않은 기업일수록 그럴 가능성이 높다. 산업 역사가 짧은 우리나라의 경우는 몰락한 도시나 몰락한 기업의 잔해를 찾아보기 힘들다. 그러나 미국 동부 지역을 자동차로 돌아다니다 보면 산업의 흥망과 함께 몰락해버린 도시를 곳곳에서 만날 수 있다.

알렉시스 드 토크빌의 발자취를 따라 미국의 주요 지역을 돌아다닌 프랑스 철학자 베르나르 앙리 레비는 "도시가 죽을 수 있다는 것, 그것은 유럽인으로서는 참으로 생각조차 하기 어려운 일이지만 그러나 사실이다"라는 표현과 함께, 한때 영광을 누렸던 버펄로, 클리블랜드, 디트로이트 등을 소개하고 있다.[13] 승승장구하던 기업들의 황폐해진 모습은, '우리만은 성역처럼 살아남을 수 있을까'라는 의구심을 던져준다.

한편 인간의 본성에 내재한, 인정받기를 원하는 욕구 역시 위기감 못지않게 중요한 요소다. 위기감이 다소 방어적인 의미를 지닌 반면, 인정받고 싶은 욕구는 공세적인 의미로 해석할 수 있다. 특히 '우리가 이 정도의 수준에 머물러서야 되겠는가'라는 공감대를 형성할 수 있다면 이 또한 변화경영의 인식 단계에서 의미 있는 과정이라 할 수 있다.

어느 분야든 경쟁사가 있게 마련이다. 경쟁사의 걸출한 성과에 조직의 구성원들이 주목하도록 유도하고 동시에 과거에는 별 볼일 없었지만 근래에 바짝 뒤쫓아오거나 이미 추월해버린 기업의 성과에 조직원들이 '분노'하도록 유도해야 한다.

분노라는 단어가 다소 부정적인 의미를 가질 수도 있지만, 사람이든 조직이든 간에 '건설적인' 분노는 반드시 필요하다. 분노는 시장 혹은 고객에게 무엇인가를 확실히 보여주고 싶다는 욕망이 분출되도록 도와주므로 변화경영에 있어서도 매우 중요한 의미를 지니고 있다.

위기감과 상황 반전을 위한 건설적인 분노를 공유하기는 쉽지 않다. 조직 구성원들은 조직을 둘러싸고 일어나는 변화를 각자 마음대로 해석하기 때문이다. 그렇기 때문에 처음부터 일사불란한 움직임을 기대할 수는 없다. 최소한 변화에 저항하는 사람들이 소수에 그치도록 해야 한다. 즉 다수가 변화에 동참하여 상황을 타개하거나 정상을 정복하겠다는 욕심을 갖고 행동하도록 유도할 수 있어야 한다.

하지만 변화경영에서 다수가 쉽게 동참하리라고 기대하는 것은 바람직하지 않다. 다수의 구성원들이 이런 상황에 도달하기까지는 갈등과 위기가 혼재하게 마련이다. 게다가 이성이나 논리뿐만 아니라 분위기나 감정 등에도 영향을 받으므로 최고경영자와 경영층은 사소한 행동 하나하나에 주의를 기울여야 한다. 실제로 위기감을 강하게 느끼고 있는 경영진의 모습이 구성원들에게 미치는 영향은 매우 크다. 말로는 위기감을 강조하고 건설적인 분노를 표출하지만, 행동으로 옮겨지지 않는다면 구성원들의 마음을 움직이기는 어려울 것이다.

따라서 이런 상황에 접한 경영자는 항상 '나의 말과 행동이 구성원들에게 어떻게 비춰지고 있을까?'라는 질문을 스스로에게 던져보아야 한다. 흔히들 열정은 전염된다고 말하지만, 위기감이나 건설적인 분노 역시 행동이나 말, 그리고 느낌을 통해서 전염될 수 있다.

최고경영자들은 컨설팅 회사 등으로부터 많은 도움을 받을 수 있지만, 이 부분에서만큼은 자신만의 독특한 스타일을 창조해야 한다. 사람의 마음이란 미묘한 부분이 있기 때문에 의도하지 않은 결과, 즉 격렬한 반박이나 저항을 낳을 수도 있다. 이때는 자기중심적으로 보지 말고 항상 구성원들에게 어떻게 비춰질 것인가를 중심으로 보면 해결의 실마리를 찾을 수 있을 것이다.

그리고 경영자가 결연한 의지를 보여주어야 한다. 경영자가 솔선수범해서 보여줄 수 있는 것 가운데 가시적인 것들이 있으면 실천에 옮겨라. 말로만 위기라고 천명하기보다는 눈에 확연히 보이는 조치들을 고안해야 한다. 깜짝쇼라는 비난이 들려오더라도 개의치 마라. '진짜 위기인 모양이다'라는 느낌이 들 정도의 전시성 조치들이 필요하다고 판단하고 행동해야 한다.

2장

준비단계_
변화를 준비하라

우리는 우리 자신을 변화시키고, 새롭게 하고,
그리고 활성화해야 한다.
그렇지 않으면 우리는 점점 굳고 말 것이다.

We must always change, renew, rejuvenate ourselves; otherwise we harden.

- 괴테

01_
강력한 변화경영 추진팀을 조직하라

변화경영을 추진하려면 우선은 변화를 주도할 '변화경영 추진팀'을 조직해야 한다. 조직의 규모나 변화경영의 성격에 따라서 변화경영 추진팀의 규모나 구성원들의 숫자, 그리고 활동 범위가 달라질 수 있다. 변화 전문가 존 코터는 자신의 컨설팅 경험을 바탕으로, 작은 회사나 대기업 내의 소규모 사업부에서는 6~7명 정도, 그리고 큰 회사는 20~50명 정도 규모의 추진팀 구성을 권한다.[1]

그리고 추진팀을 구성할 때, 지나치게 고집이 센 사람이나 반목을 부추기는 데 익숙한 사람은 피하라고 말한다. 또한 변화경영에 대한 아이디어와 대안을 제대로 제시할 수 있는 관리 능력과 이를 바탕으로 타인을 설득하고 추진할 수 있는 리더십을 가진 인물이 골고루 포진되어야 한다고 강조한다. 아무리 좋은 대안이 제시된다 하더라도 이를 제대로 추진할 수 있는 능력을 갖춘 사람들이 없다면, 변화경영을 전개할 때 내부 역량을 결집시키지 못해 어려움을 겪을 것이다.

경영자가 직접 진두지휘하는 한시적인 기구로서의 변화경영 추진팀의 규모는 변화경영 대상의 범위를 고려하되 의사 결정의 신속성을 크게 방해하지 않을 정도가 합리적이다. 예를 들어 닛산 자동차와 같은 대규모 기업에서 변화경영을 주도하였던 카를로스 곤은 취임하자마자 2주일 만에 사업의 발전, 구매, 제조와 물류, 연구 개발 등 모두 10개 분야에서 각각 10명으로 이루어진 복합기능팀들을 조직해 변화경영에 시동을 걸었다.[2] 이 팀들의 목적은 조직의 획기적인 성과 개선에 필요한 문제점을 지적하고 대안을 제시하는 것이었다. 하지만 이 조직은 일반적인 경우와는 비교할 수 없을 정도로 대규모라 할 수 있었다. 이런 경우 복합기능팀은 순수한 변화경영 추진팀이라기보다는 변화경영 추진팀에 현장 전문가 그룹을 더한 것으로 이해할 수 있다.

변화경영 추진팀은 변화경영과 관련한 거의 모든 주제들을 현업 부서들과의 상호관계 속에서 다룬다. 특히 변화경영의 성공은 현업 부서와 변화경영 추진팀, 경영층의 상호작용이 이루어지는 원활한 커뮤니케이션에 크게 영향을 받는다.

이때 외부의 컨설팅 회사나 컨설턴트와의 관계를 어떻게 설정하고 외부로부터 어떤 도움을 받아야 하는가라는 과제가 생긴다. 조직 내부에서 오랜 연륜이 쌓인 경영진들은 외부 컨설턴트의 도움을 받는 것에 대해 회의적인 시각이 지배적이다. 그 이유는 "우리처럼 한 분야에서 오랫동안 일을 해온 사람들에게 경험이 별로 없는 새파란 친구들이 어떻게 감히 도움을 줄 수 있겠는가"라는 것이다. 물론 그런 생각을 할 수도 있다. 그러나 오랜 경험은 장점이지만 때로는 변화경영의 걸림돌이 될 수도 있다. 고정관념이나 선입견 때문에 모든 문제를 익숙한 관점으로 바라본다는 단점도 있게 마련이다. 하지만 새로운 시각이나 특정 업종 이외의 분야에서 경험을 축적한 사람들을 단순히 경험 기간만으로 따질 수는 없다.

그러므로 가능하다면 외부 컨설턴트의 도움을 받는 것도 고려해야 한다. 왜냐하면 변화경영 그 자체가 내부 인력의 입장에서는 생소한 일일 뿐만 아니라, 무엇을 어떻게 어디서부터 시작해야 할지 막막할 수 있기 때문이다. 2003년부터 변화경영을 시도해서 상당한 성과를 거두어온 LS전선의 관계자들이 말하는 변화경영 초기의 경험은 대부분의 조직들이 변화경영을 시도할 때 당면하는 현실일 것이다.

최고경영자로부터 PI(Process innovation, 공정혁신) 추진이 결정되자 신설된 경영혁신 부문은 가슴이 털컥 내려앉았다. PI라는 말을 들어본 적도 없고 도대체 무엇을 어떻게 해야 할지 감을 잡을 수 없었기 때문이었다. 당시 경영혁신 부문은 PI를 수행할 준비가 되어 있지 않았다.
이에 약 3개월간 학습 기간을 갖기로 결정하고 PI와 관련된 서적들을 탐독하며 각종 논문이나 자료들을 살펴보는 데 집중했다. PI를 앞서 추진했던 몇몇 기업들에 대한 벤치마킹도 빼놓지 않았다. 하지만 시간이 흘렀으나 과연 PI를 잘 추진할 수 있을지는 자신이 없었.
결국 외부 전문가를 영입하기로 결정했다. PI를 통한 LS전선의 전면 개혁이란 뜻에 공감할 수 있는 가치관과 이를 실현시킬 능력을 겸비한 사람이 필요했다. 하지만 PI전문가라고 하는 많은 사람들이 정보시스템 구축에만 치우치는 경향이 있었고, LS전선은 이러한 사람들은 적절치 않다고 판단했다. 외부 전문가를 찾기 위한 인터뷰는 계속해서 이어졌고 결국 LS전선과 뜻을 함께할 수 있는 전문가를 영입하게 되었다.[3]

그러나 외부 컨설턴트와 내부 조직 사이의 관계 설정 및 권한 배분에 대해서는 세부적인 내용들까지 사전에 고려할 필요가 있다. 컨설턴트는 전문가이다. 내부 인력들이 현업을 처리하는 데 익숙하다면, 전문가의 도움을 받는 일은 비용 대비 효과 면에서 충분히 가치가 있다.

하지만 전적으로 외부 컨설턴트의 손에 맡겨두어서는 안 된다. 변화경영을 전담해본 경험과 지식을 가진 외부 컨설턴트의 지식에다 현장에서 오랫동안 활동해온 사람들의 경험과 지혜가 더해질 때 원하는 성과를 거둘 수 있다. 또한 조직 내부에 변화경영을 추진해본 경험이 있는 인력들을 배치해 앞으로의 환경 변화에 대비해야 한다. 그렇지 않으면 컨설팅이 끝난 후 몇 권의 보고서만 남는 일회성 이벤트에 그치고 말 것이다. 따라서 내부의 정예요원들이 외부 컨설턴트들과 함께 일을 해나가면서 나름의 노하우를 축적해야 한다.

변화경영 추진팀은 단독으로 혹은 외부 컨설턴트와 협력해서 조직이 추구하는 변화경영의 방향과 이를 추진하기 위한 대상, 우선순위, 기대 효과, 커뮤니케이션 등 다양한 방법들에 대해 논의하고 하나하나 과제를 도출해나가야 한다. 모든 프로젝트가 그렇듯이, 기대하는 성과를 거둘 수 있는 기간을 명확히 정리해두어야 그 기간에 맞추어 우선순위에 따라 추진할 수 있다.

변화경영을 추진하는 동안 어느 정도의 성과를 거둘 것인가가 정해지고 나면 그다음에는 무엇을 고쳐야 할 것인가라는 과제가 남는다. 조직의 모든 업무 프로세스에 대한 정밀 분석이 끝나면 해결해야 하는 과제가 줄을 잇게 될 것이다.

변화경영의 대상을 도출하는 데는 그다지 오랜 시간이 걸리지 않는다. 왜냐하면 조직의 업무에 정통한 사람들은 무엇이 문제인지 평소에도 잘 알고 있기 때문이다. 이때 경영자에게 필요한 것은 현장 업무에 정통한 사람들이 부담감을 느끼지 않고 자신의 의견을 솔직히 피력하도록 돕는 일이다.

그러나 대부분의 조직에는 성역이 존재한다. 이런저런 이유 때문에 이 부분은 변화경영의 대상이 될 수 없다는 식이다. 하지만 성역의 변화 없는 변화경영의 성공을 기약하기 어렵다. '성역 없는 개혁'이란 말이 조금 식상한 구호처럼 들릴지 모르지만 변화경영을 추진하는 사람들이 반드시 염두에 두어야 할 원칙이다. 이처럼 거침없이 주장을 개진할 수 있는 분위기를 만들 수 있는 사람은 최고경영자뿐이다. 그러므로 조직생활에 익숙하되 지나치게 조직 내의 권력의 흐름을 복잡하게 고려해야 하는 직급의 사람들이 다수를 차지하지 않도록 변화경영 추진팀을 짜서 신선한 아이디어를 끄집어내야 한다.

변화경영 추진팀의 업무는 신속하게 추진해야 한다. 다만 언제까지 무엇을 어떤 방법으로 고칠 것인가라는 과제는 최고경영자와 경영층이 충분히 숙의해서 우선순위를 정해야 한다.

앞에서 언급한 닛산 자동차의 경우 대규모 조직에서 복합기능팀의 대안 제시를 시작으로 추진 계획을 마무리하는 데까지 불과 3개월밖에 걸리지 않았다. 신속하게 일을 추진하면, 준비 과정에 지나치게 시간을 쏟음으로써 발생하는 불필요한 오해와 루머를 방지할 수 있다. 최고경영자가 무엇을 추구해야 할 것인지에 대한 가이드를 제시하면, 그다음부터는 문제점의 도출과 이를 개선하기 위한 방법을 선택하는 일이 변화경영 준비 단계의 중심 주제로 자리 잡게 된다. 변화경영 추진팀과 경영층 사이의 밀도 있는 대화가 이루어지면 시간을 단축할 수 있다.

신속하게 추진하라! 시간이 많다고 해서 좋은 대안이 나오는 것은 아님을 기억하라! 가장 짧은 시간 안에 전력질주하듯이 문제점을 도출하라! 그리고 경영층 역시 이런 문제점에 대한 공략의 우선순위를 단기전에 임하듯이 신속하게 결정하라!

추진 과정에서 정치적인 문제가 발생할 수도 있다. 기존 질서에서 이익을 보는 사람들이 존재하기 때문이다. 이들의 반발이나 반대로부터 변화경영을 보호하고 추진력을 유지하려면 최고경영자가 적극적으로 나서야 한다. '자, 한번 해보게' 하는 정도로는 '필패'라고 봐도 무방하다. 게다가 외부 컨설턴트가 기존 조직이 받아들이기에 충격적이거나 새로운 방법들을 제시하는 경우가 많기 때문에 기존 질서에서 이익을 보는 사람들은 어떤 형식으로든지 그런 시도가 실패하도록 명시적 혹은 묵시적으로 반발하게 된다.

특히 외부 컨설턴트들이 제시한 아이디어들은 집중적인 비난의 대상이 되기도 한다. '업계나 조직의 실정을 전혀 알지 못하는 애송이들이 하는 허황된 주장이다'와 같은 전형적인 비난이 쏟아져 나오기도 한다. 조직을 이끌어야 하는 최고경영자의 입장에선 일부 조직원들의 반발이 지나치게 부담스러워 이도 저도 아닌 상태에 빠져서 시작 전보다 상황을 더 악화시켜버리는 경우도 종종 발생한다.

변화경영에 대한 의지가 약하거나 생소한 아이디어라도 충분히 개진할 수 있도록 보장할 수 없는 최고경영자라면 시작 단계부터 어려움을 겪게 될 것이다. 어느 조직에서나 준비 단계에서는 눈에 보이지 않는 밀고 당기는 힘겨루기가 벌어지기 때문이다. 게다가 외부 컨설턴트는 내부에 아무런 기반이 없고, 변화경영 추진팀 역시 한시적인 기능을 마무리하고 나면 해체될 가능성이 높기 때문에 정치적 행동을 할 가능성이 높다. 이를테면 논의 단계에 있는 아이디어나 아직 확정되지도 않은 정책들을 함께 일하던 동료나 상사에게 유출하는 것이다. 따라서 최고경영자의 외부 공표 계획이 결정되기 이전에는 어떤 정보도 유출되지 않도록 사전에 약속을 받아두어야 한다. 다시 말해서 사전 정보 유출로 인한 혼란을 방지하도록 노력해야 한다.

02_
참여 의식을 높여라

변화경영은 반드시 톱다운(top-down) 방식으로 추진해야 한다고 주장하는 사람들이 많다. 그런데 톱다운 방식은 일방적인 인상을 심어줄 수 있기 때문에 보텀업(bottom-up) 방식을 상당 부분 가미할 필요가 있다고 주장하는 사람들이 있다. 원칙적으로 변화경영은 기존 상황을 바꾸어가는 일련의 과정이기 때문에 톱다운 방식을 기본으로 할 수밖에 없다. 그런 점에서 볼 때 변화경영은 보텀업 방식으로 추진하는 변화와는 거리가 멀다. 하지만 여기서 간과할 수 없는 것 가운데 하나는 톱다운 방식을 기본으로 하되 가능한 한 변화경영에 동참하는 사람들이 스스로 참여하고 있다는 인상을 심어줄 수 있어야 한다는 것이다. 이를 위해서는 현장 사람들이 적극적으로 아이디어를 내고 실행을 주도할 수 있도록 해야 한다.

결국 변화경영의 성공 여부는 구성원들의 참여 정도에 따라 결정된다. 구성원들은 특정 프로젝트에 자신이 참여하고 있다는 생각이 들면 적극적으로 협조하지만 그렇지 않은 경우에는 저항 내지 무관심으로 대처하게 된다. 문제는 이 같은 행동이 혼자에게만 국한되는 것이 아니라 어중간한 위치에 서 있는 사람들에게까지 부정적인 영향을 미치게 된다는 점이다. 그러므로 참여 의식을 강화하기 위한 적극적인 조치를 초기 단계에서부터 취해야 한다.

변화경영을 추진하는 일부 기업의 경우, 최고경영자가 변화경영의 필요성을 선언한 다음 유수의 컨설팅 회사들이 조직 내에 들어오고, 실무자들을 불러서 마치 취조하듯이 문제점들을 찾아내고, 일정한 기간이 경과한 다음 '자, 여러분의 조직은 앞으로 이런 방향으로 나아가야 하며 그 방법은 이렇습니다' 라는 결론을 내놓는다.

이런 상태에서 구성원들의 반발이 생기는 것은 당연하다. 설령 반발을 명시적으로 나타내지 않더라도 현장 담당자들 사이에 강한 저항감 내지 불만이 형성된다. 사람들의 심리를 조금이라도 이해하는 경영자라면 이런 방식으로 변화경영을 시도하지는 않을 것이다.

참여 의식을 고취시키는 데는 몇 가지 실천 가능한 방법들이 존재한다. 변화경영을 돕기 위한 외부 기관의 도움이 필수적이라 하더라도, 이들이 절대로 점령군처럼 비춰져서는 안 된다. 설령 내부에서 변화경영을 추진할 수 없을 정도로 조직의 기반이 취약한 경우라 하더라도, 겉보기에는 변화경영 추진팀을 중심으로 내부 구성원들이 변화경영을 선도하는 형식을 취해야 한다. 내용도 중요하지만 사람들의 느낌이나 사람들에게 비추어지는 이미지도 중요하다는 말이다. 가능한 한 서둘러 성과를 내야 한다는 생각 때문에 외부 기관이 주도해 변화경영을 성급하게 추진하면 어려운 상황에 처할 수 있음을 기억해야 한다.

특히 변화경영을 시도하는 기업들은 여러 가지 어려움을 해결해가는 과정에 놓여 있으므로 구성원들의 마음에 상처를 주거나 패배감이나 모멸감이 생기지 않도록 배려해야 한다. 다소 방어적이기는 하지만 이런 방법은 구성원들의 참여도를 끌어올리는 데 매우 효과적이다.

우선 적극적으로 실천해볼 수 있는 방법은, 설령 변화경영 추진팀이 스스로 문제점이나 해결책을 갖고 있다 하더라도 구성원 전체의 의견이나 아이디어를 적극적으로 수렴하는 과정을 거치는 것이다. 이 방법은 변화경영 추진팀이 선택하기에 따라 얼마든지 확장 가능한 방법이다. 이를테면 팀 단위나 사업부, 혹은 전사 단위로 특정 프로세스의 문제점에 대한 의견을 여러 차례에 걸쳐서 모을 수 있다. 실용적인 관점에서 이런 의견 조사는 변화경영 추진팀이 간과할 수 있는 부분을 메우는 데 도움이 된다.

또 다른 방법은 조직의 문제점을 가장 정확하게 파악하고 있으면서도 대안을 자유롭게 제시할 수 있는 현업 전문가들로 이루어진 팀, 가칭 '변화경영 추진 자문그룹' 등을 구성하는 것이다. 실제로 기업들이 변화경영을 추진해가는 과정에서 변화경영 추진팀의 범위는 줄이는 대신 변화경영 추진팀을 지원하는 분야별 현업 전문가를 활용하는 경우가 많다. 이 같은 조직을 활용하면 다양한 문제점을 파악할 수 있고, 대안을 도출할 수 있을 뿐만 아니라 참여의식도 높일 수 있다. 요컨대 변화경영 추진팀은 소수정예로 구성된 한시적인 상설기구로 운영하고, 현업 전문가로 구성되는 가칭 '변화경영 추진 자문그룹'은 얼마든지 그 숫자를 늘릴 수 있으며 굳이 기구화할 필요가 없다. 정리하자면 최고경영자, 경영층, 변화경영 추진팀, 변화경영 추진 자문그룹, 외부 컨설팅 회사 혹은 전문 컨설턴트로 변화경영 추진체계를 구성할 수 있다. 이런 과정들을 통해 조직 구성원들은 변화경영의 주춧돌을 놓는 데 자신도 한몫을 담당하고 있음을 강하게 인지하게 된다.

C사는 전국에 다양한 배경을 가진 분점들을 흡수하면서 성장한 조직이다. 지역적인 분산, 문화적인 다양성, 매수합병 과정에서의 갈등 등과 같은 불리한 초기 조건에도 불구하고, 외부 컨설팅 회사로부터 최소한의 도움을 받으며 6개월에 걸쳐서 변화경영 프로그램을 추진했다. 이 기업이 변화경영을 추진하기에는 어려움이 많았다. 전국에 사업장이 산재해 있고 각각의 사업장이 매수합병 과정을 통해 하나의 기업으로 만들어졌기 때문에 구성원들이 기업에 대한 로열티나 동질감이 전혀 없는 상태에서 변화경영이 추진되었으므로 어느 누구도 성공 여부를 확신할 수 없는 상황이었다.

이를 극복하기 위해 외부 기관의 도움을 받으며 일단 핵심 멤버를 중심으로 변화경영 추진팀이 구성되고, 외부 기관과 마련한 로드맵에 따라 거의 모든 과정에서 설문조사와 개인 면담을 실시한 뒤 그 결과를 가지고 참석했던 구성원들에게 피드백하는 과정을 반복했다. 이런 과정은 조직 구성원들에게 스스로 변화경영에 적극적으로 참여하고 있다는 확신을 심어줬다. 동시에 조직이 가진 문제 해결 방법과 나아가야 할 방향에 대해서도 충분한 공감대를 형성할 수 있었기 때문에 변화경영을 위한 토대를 확고히 굳힐 수 있었다.

이처럼 변화경영 추진팀은 자신들이 고민하는 거의 모든 문제에 대해서 의견을 묻고 피드백하는 것을 하나의 프로세스로 정립할 필요가 있다. 전사적으로 의견을 묻는 경우에는 비용과 시간이 꽤 많이 소요된다. 그러나 사업부 단위 혹은 특정 팀 단위로 의견을 묻는 방법을 사용하면 비용이나 시간을 현저하게 줄이면서도 참여 의식을 고취할 수 있으며, 변화경영의 성공을 위한 토대도 굳건히 할 수 있다.

변화경영은 변화를 주도해나가는 추진자가 명확하게 존재하고 추진력이 빛을 발휘해야 성과를 거둘 수 있다. 이런 점에서 톱다운 방식은 변화경영의 본질적인 특성이라 할 수 있다. 따라서 추진자가 세세한 부분까지 신경을 쓰지 않으면, 추진자가 독주를 한다고 여기거나 자신들은 들러리라는 인상을 심어주게 된다.

그럴 경우 개인의 창의성과 헌신이 제대로 발휘되지 않아 성과를 거두기 힘들다. 아마도 그 조직은 초반부터 난항을 거듭할 것이다. 그런데 다수의 경영자들은 눈에 보이지 않는 이런 심리적 요인들을 무시해버리는 경우가 많다. 사람들의 마음을 움직이는 일은, 경영자의 이익이 침해된다 하더라도 미래를 내다보고 반드시 해야 할 일이다. 그러므로 경영자들은 구성원들의 심리 상태에 대해서 특별히 신경을 써야 한다. 독주하듯이 이루어지는 변화경영은 자칫 구성원들에게 소외감을 안겨줄 수 있다. 소외감은 무관심과 냉소, 그리고 저항감으로 발전한다. 그리고 이것이 구성원 전체에 번지면, 경영자와 컨설팅 회사 그리고 변화를 추진하기 위해 선택된 소수는 그들이고,

그런 움직임에서 소외된 것은 우리들이란 이분법이 지배하게 된다. 그 결과 변화경영은 최악의 어려움을 겪게 된다.

따라서 경영자는 위에서 주도하는 방식을 유지하는 한편, 구성원들이 공감할 수 있도록, 변화를 추진하는 사람들이 무엇을 어떻게 해야 할지 늘 고민해야 한다. 그리고 우선순위의 상위에는 반드시 참여의식 강화라는 것을 두어야 한다. 변화경영의 매 단계마다 어떻게 하면 조직 구성원들의 참여를 독려할 수 있을까라는 질문에 대한 답을 찾도록 하라. 변화경영 추진팀은 구성원들이 하고 싶은 말에 대해서 언로를 터주고, 직접 하든 현장의 전문가들을 활용하든 반드시 경청할 수 있는 기회를 가져야 한다.

03_
비전과 목표를 새롭게 하라

변화경영은 현재의 불편함과 고통을 참아내는 것이다. 이를 가능하게 하는 것은 어려운 시기가 지나고 난 후에 좋은 시절이 올 것이라는 확신이다. 정도의 차이가 있을지라도 변화경영은 바람직한 상태를 향해 나아가는 과정에서 수많은 우여곡절을 경험할 수밖에 없다. 지향해야 할 방향이 확실치 않으면 누구도 선뜻 변화경영에 동참하려 하지 않을 것이다.

적절한 목표를 설정하는 것이야말로 성공의 최고 기술이다. 이는 조직과 개인 모두에게 적용된다. 목표가 명확하지 않으면 마치 풍랑 속에서 흔들이는 배처럼 조직이 우왕좌왕하게 된다. 따라서 변화경영의 지향점을 분명히 해야 한다. 변화가 요동치면 칠수록 목표는 그 진가를 발휘한다.

변화경영 가운데서도 불확실성이 높은 선택 가운데 하나가 기업의 주력 사업 자체를 크게 바꾸는 일이다. 다시 말해서 수익성이 떨어지는 사업을 팔거나 분사화하고 선택과 집중을 향해 나아가는 것이다. 이때 조직 전체에 불확실함과 두려움이 엄습하는 것은 당연하다. 두려움은 조직 구성원들의 마음과 정신을 흩뜨려놓기 일쑤이다. 자꾸만 뒤를 되돌아보게 만든다. 강을 건너고 난 다음 건너온 배를 불살라버릴 정도의 각오가 없으면 앞을 향해서 계속 전진할 수 없다. 그러나 배를 불사르기 전에 먼저 어디를 향해 나아가야 할 것인지를 확고히 해야 한다. 작은 메모리 회사에서 오늘날의 인텔을 있게 만든 인텔의 공동창업자 앤드류 글로브는 그런 과정을 '죽음의 계곡 건너기'라고 표현한다.

변화경영 역시 정도의 차이는 있지만 '죽음의 계곡 건너기'와 같은 성격을 갖고 있다. 불안감, 초조감, 회의감, 불확실함이 엄습하는 상황에서 나름의 북극성을 향해서 한 걸음씩 전진하는 것이 바로 변화경영이다. 따라서 변화경영이 지향하는 북극성을 분명히 해야 한다. 어디를 향해 나아가고 있는지, 그런 상태에 도달했을 때 조직은 어떻게 바뀌어 있을지, 그런 궁극적인 상황에 도달하기 위해서는 순차적으로 어떤 목표들을 달성해야 하는지, 이런 목표를 달성하기 위해 활용할 방법은 무엇이며, 또 무엇을 바꾸어야 하는지 등에 대한 부분들이 낱낱이 정리되어야 한다.

그러나 이 모든 질문에 대한 답 가운데 가장 먼저 정해야 할 것은 변화경영을 경험한 다음에 과연 어떤 회사가 되어 있기를 간절히 소망하는가라는 점이다. 결승점이 명확히 제시되어야 한다. 이를 위해서 최고경영자와 경영층 앞에 다양한 선택들이 있을 것이다. 깊은 성찰과 고뇌, 미래에 대한 전망 끝에 하나를 선택해야 한다.

변화경영 추진팀이나 외부 컨설팅 업체들은 다양한 사례 연구와 현재 그 조직이 갖고 있는 핵심역량, 그리고 외부 환경 변화들에 대한 진단과 전망을 통해서 몇 가지 시나리오를 제시할 수 있다. 그러나 결국 어디를 향해 나아가야 할지를 결정하는 것은 최고경영자가 갖고 있는 업계의 경험이나 미래에 대한 직관과 통찰력, 객관적인 분석 등이 더해진 끝에 내려지는 최종적인 선택이다.

변화경영을 추진하면서도 축소 지향적인 활동을 계속하다가 급기야는 기업의 핵심 부분까지 위축되고 본체까지 매각될 운명에 처하게 된 기업의 사례는 수없이 많다. 그것은 바로 판단의 위기에서 비롯된다. 경영은 결국 한정된 자원을 배분하는 일종의 게임이다. 그런 게임에서 성공한 사람들은 자원 배분의 최적화에 성공한 사람들이다. 비전과 목표는 사업구조를 확정하고 조직 차원에서 자원을 어떻게 배분할 것인가를 제시하는 큰 그림에 해당한다.

큰 그림이 잘못 그려지면 아무리 현장에서 열심히 노력하더라도 소기의 성과를 거두기 힘들다. 제품의 라이프사이클이 짧은 정보통신 업계의 기업들은 현장에서 혁혁한 개선이나 혁신을 통해 성과를 만들어내도 제품이나 기술에 대한 판단의 실수로 어려움에 처하는 경우가 많다. 이 역시 비전과 목표 설정에 실패한 경우라 할 수 있다.

자기계발 분야의 뛰어난 전문가 중 한 사람인 브라이언 트레이시(Brian Tracy)는 비전 설정이 조직에서 차지하는 비중과 의미를 이렇게 말한다.

성서에 '계시의 말씀이 없으면 백성이 방자해진다'(잠언 29:18)고 했다. 비전이 없다고 사람들이 쓰러져 죽지는 않는다. 다만 그들은 열정을 잃어버린다. 그들은 자신이 가진 최고의 것을 주려는 헌신과 열정을 잃어버린다. 경영자들이 회사에 대한 매력적인 비전을 명확히 세우고 제대로 제시하지 않으면 사람들은 자리를 지키기 위해 마지못해 시늉만 낸다. 불행히도 많은 회사들이 전혀 비전을 갖지 못한다. 시작할 때는 전례가 없는 무언가를 달성하려는 매력적인 비전이 있었겠지만, 시간이 흐르면서 요동치는 시장의 파도에 시달리느라 고객들의 생활과 일에 의미 있는 영향을 미칠 자신들의 존재 이유를 잃어버린다.

주요 의사 결정자들은 회사의 비전을 정하고 명확하게 제시하는 대신 그날그날을 꾸려나가는 데 몰두하게 된다. 그들은 살아남는 것에 대해서만 생각한다. 비전 따위를 생각할 시간은 없다고 말하기도 한다. 발등에 떨어진 불을 끄느라 너무 바쁜 것이다.[4]

비전과 목표는 현실적으로 반드시 달성해야 하는 하나의 구체적인 목표에 해당할 수도 있지만, 이것 못지않게 중요한 역할은 앞을 향해 나아가야 할 방향키와 같은 역할을 담당하는 것이다. 비전을 결승점에 비유한다면 목표는 결승점에 이르기 위해 차근차근 거쳐야 할 중간 단계를 나타낸다.

비전과 목표는 문자 형태로도 공유할 수 있지만 사람은 항상 상징을 필요로 한다는 점도 염두에 두어야 한다. 사람들을 움직이는 강력한 힘 가운데 하나가 상징이기 때문이다. 비전과 목표가 사람들의 가슴속에 와 닿게 해주는 다양한 방법으로 상징적인 구호를 만들 수 있어야 한다는 점이 무엇보다 중요하다. 짧고 간결하지만 사람들의 마음속에 여운을 남김과 동시에 정상 정복을 향한 감동을 전달할 수 있는 메시지로 추상화할 수 있어야 한다. 짧은 단어나 문장만으로도 얼마든지 조직이 지향해야 하는 바를 제시할 수 있다.

비전과 목표는 상징뿐만 아니라 이야기와 함께할 때 더더욱 효과를 발휘할 수 있다. 사람들은 누구나 이야기에 익숙하다. 비전과 목표를 하나의 이야기로 만들어보라. 이야기는 추상적인 구호나 슬로건 못지않게 효과를 달성하는 데 매우 중요한 방법이다.

비전과 목표는 최고경영자들과 경영층의 신념과 열정을 담고 있어야 한다. 비전과 목표는 '어려움을 넘어서 우리는 반드시 저 목표를 향해 나아가야 합니다' 라는 주장만으로는 이루어질 수 없다. 우선 최고경영자 자신이 감동할 수 있고 설득당할 수 있어야 구성원을 감동시키거나 설득할 수 있고 동참하도록 이끌 수 있다. 이런 점에서 비전과 목표의 성공적인 설정은 최고경영자에게 주어진 대단히 중요한 과제이다.

따라서 비전은 원대하고 우리의 존재에 확고한 의미를 부여할 수 있어야 한다. 규모와 업종에 관계없이, 우리가 이 업계에서 확실한 가치를 고객에게 제공할 수 있는 존재임을 내포해야 한다. 또한 목표는 이에 걸맞게 조직의 총역량을 동원해야만 달성 가능할 정도로 야심적으로 짜야 한다.

비전은 원대함을 향한 염원을 포함하고 있어야 한다. 인간은 의미를 추구하는 존재이다. 만일 자신이 하고 있는 일에 대해 어떤 의미도 찾을 수 없다면 자신이 가진 에너지를 전부 투입할 수 없다. 이런 관점에서 볼 때 비전의 순기능은 그런 의미를 지속적으로 추구할 수 있는 동력을 제공하는 것이다. 그 정도의 의미를 부여할 수 없다면 먹고살 만큼만 벌고 활동하는 것에 만족할 것이다. 굳이 어려움을 감수하고 새로운 위험에 뛰어들 이유가 전혀 없기 때문이다.

이따금 변화경영을 준비하는 단계에서 구성원들로부터 터져나오는 불만 가운데 하나는 '먹고살 만하고 경영 성과도 괜찮은데, 왜 야단법석을 떨어야 하는가' 라는 것이다. 표현의 차이는 있을지라도 많은 기업에서 이 같은 불만을 확인할 수 있다. 그것은 새로운 신화를 만들어야 하는 이유를 충분히 납득시키지 못한 데서 기인한다. 이는 제대로 된 비전과 목표를 설정하지 못했기 때문에 발생하는 일이다.

04_
개인의 비전과 목표로 연결하라

조직이 변화경영을 통해서 도달하고자 하는 목적지가 있다면, 당연히 구성원들에게도 개인적으로 도달하려는 목적지가 있게 마련이다. 사람들은 자신의 이익에 충실한 존재이므로 '어떤 것이 올바르다든지 당연히 그렇게 하는 일이 합리적이다'라는 정도로는 구성원들을 변화경영에 동참시키기 힘들다. 따라서 조직이 추구하는 목적지인 비전과 목표를 개인 중심으로 해석할 필요가 있다. 그리고 이를 가능하게 하려면 개인으로 하여금 조직의 변화경영에 맞추어 자신만의 변화경영을 추진하도록 만드는 강력한 동기를 부여해야 한다.

그러나 대다수 기업들은 이 부분에 그다지 큰 비중을 두지 않는다. 아마도 이를 표준화하기 힘들기 때문일 것이다. 기업의 비전과 목표는 대개 쉽게 확인할 수 있지만 구성원들이 추구하는 개인의 비전과 목표가 조직의 비전과 목표에 연결되는 경우는 드물다.

따라서 변화경영을 추진하는 기업들은 늘 조직의 변화경영이 개인에게 어떤 시사점을 주는가에 대해 명확한 입장을 나타내야 한다. 다시 말해서 조직의 비전과 목표에 대응하는 인재의 성장에 대한 로드맵을 분명히 해야 하는 것이다. 특정 비전과 목표를 달성한 상태를 가정해보라. 그런 상태에서는 조직이 원하는 인재상을 충분히 예상할 수 있다. 이것은 추상적인 형식으로 표현될 수도 있지만 인재의 조건처럼 구체적인 모습으로 표현될 수도 있다. 예를 들어 우리 조직은 이런저런 능력을 소유한 인재를 필요로 한다는 형식으로 나타낼 수 있다.

대부분의 기업이 조직이 추구하는 비전과 목표 이외에 구성원들에게 보내는 시그널에는 그다지 큰 비중을 두지 않는다. 조직이 이런 방향으로 나아갈 테니 다른 부분은 각자가 알아서 하라는 식이다. 하지만 조직의 비전과 목표만큼의 비중이 아니라도, 구성원들 스스로 성장과 발전을 도모할 수 있는 로드맵을 제시하는 것이 변화경영의 성공에 긍정적인 영향을 미치게 된다는 사실을 잊어서는 안 된다.

사람들은 매사를 자기중심적으로 보게 마련이다. 조직의 비전과 목표를 인지한 구성원들은 항상 스스로에게 '일을 열심히 한다. 그다음에 나는 무엇을 해야 하지?' 라는 질문을 던진다. 또한 '조직이 그런 상태에 도달하게 되면 나는 어떤 이득을 얻을 수 있지?' 라는 질문도 던질 수 있다. 매사를 자기중심적으로 보는 것이다.

예를 들어서 기존의 사업 영역을 고수하는 어떤 기업에게 새로운 변화가 닥쳤다고 가정해보자. 수십 년 동안 뼈대로 삼아왔던 사업 분야의 질서가 무너지는 대변화를 앞둔 기업이라면 당연히 그런 변화에 맞추어 조직의 사업구조를 바꾸려고 할 것이다. 변화경영을 추진하는 팀이 구성되고 조직이 지향해야 하는 새로운 목적지를 설정하는 작업들이 이루어질 것이다. 조직이 이런 비전과 목표를 갖고 앞을 향해 나아갈 때, 구성원들이 지향해야 할 비전과 목표가 무엇인지 개인이 알아서 해석하도록 내버려두어서는 안 된다. 개인이 어느 수준까지 성장해야 한다는 점을 조직 차원에서 분명히 천명해야 한다. 이것을 선택사양 혹은 아예 그런 것들이 필요하다는 생각조차 하지 않기 때문에 다수의 기업들은 조직의 비전과 목표를 선언하는 것에 머물고 만다.

구성원들이 성장하지 않으면 조직이 새로운 모습으로 탈바꿈하기 힘들다. 그럼에도 불구하고 이런 점을 지나치게 소홀히 다루는 경우가 많다. 사람의 변화야말로 변화경영의 핵심 포인트란 점을 깊이 인식하는 최고경영자라면, 변화경영 추진팀이 개인의 변화경영을 위한 비전과 목표 설정을 조직 차원에서 도울 수 있는 방법을 찾아내야 한다.

변화경영 추진 단계에서 구성원 스스로 조직의 변신에 어울리는 개인적 비전과 목표를 설정하도록 유도해야 한다. 이때는 개인에게 상당한 수준의 재량권이 주어져야 한다. 대부분 그런 작업을 해본 경험이 없을 것이다. 게다가 조직 차원에서 그런 부분을 언급하는 일 자체를 두고 논란이 있을 수도 있다. 조직이란 기본적으로 자신이 추구하는 물질적 가치를 만들기 위한 사람들의 모임이므로, 개인의 삶에 깊숙이 관여하는 것 자체를 좋아하지 않는 사람들도 있기 때문이다. 그러나 조직의 비전과 목표가 설정되고 조직이 요구하는 구성원의 비전과 목표가 정해졌다고 준비가 끝난 것은 아니다. 구체적으로 개개인에게 무엇을 어떻게 하라고 요구할 수는 없지만, 구성원들이 심기일전하여 조직의 발전과 함께 자신의 성장에 대해 고민할 기회를 제공하고, 그것이 하나의 시스템으로 정착될 수 있도록 돕는 것은 얼마든지 조직이 개입할 수 있는 영역이다.

필자의 이런 주장이 다소 생소할 수도 있다. 하지만 이는 필자가 그동안 관심을 가져온 자기경영이나 성공학의 이론적이고 실질적인 방법론을 변화경영에 접목시키자는 주장과 맥을 같이한다. 미국에서 출간된 각종 변화경영 관련 문헌들을 탐독해보면 이런 주장들은 거의 나타나지 않는다. 개인주의 성향이 강하고 조직을 계약관계로 바라보는 미국에서는, 조직이 개인의 목표 설정이나 비전 달성 과정에 개입하는 것 자체가 지나치게 프라이버시를 침해하는 것으로 비추어질 수도 있다.

그러나 필자가 경험을 통해서 갖게 된 확신은, 변화경영은 어려움을 극복해가는 과정이기 때문에 구성원들 스스로 자신이 추진하고 있는 일에 대한 확신이나 신념이 없다면 용두사미가 될 가능성이 매우 높다는 것이다. 절박하지 않은데 누가 어려움을 극복하기 위해 전력투구할 수 있겠는가? 벼랑 끝에 서 있다고 생각하지 않는 곳에서 상황을 타개하고 새로운 상태로 나아가기 위한 방법들이 만들어질 수 있겠는가?

창조, 혁신, 신화 등을 만들길 원한다면 조직은 그에 합당한 노력을 해야 한다. 이를 위해 반드시 구성원들이 조직의 변화에 걸맞게 자신을 바꾸어가도록 유도해야 한다. 이것은 조직에 도움이 될 뿐만 아니라 구성원들 개개인의 성장과 발전이란 관점에서도 매우 유용하다. 성공학이나 자기경영 분야의 목표 관리에 대한 구체적인 방법들에서 도움을 받을 수도 있다. 그런데 문제는, 어려워서 실천하지 못하는 것이 아니라 그것이 중요하다는 사실을 확신하는 경영자들이 드물다는 것이다. 매우 필요한 것임에도 불구하고 대부분 간과해왔기 때문에 다시 한번 강조해두고 싶다.

정리하자면 다음 세 가지가 순차적으로 이루어져야 한다. 첫째, 조직의 비전과 목표를 설정한다. 둘째, 조직 차원에서 개인에게 요구하는 인재 양성과 육성의 비전과 목표를 설정한다. 셋째, 조직의 비전과 목표를 제약 조건 혹은 참조 사항이라는 한도 내에서 각자가 자신의 인생에서 추구해야 하는 비전과 목표를 설정한다. 대다수 기업들이 이제까지 관심을 가져온 것은 첫째 단계 수준 정도이다. 필자의 경험으로 미루어보면 둘째 단계까지 관심을 가진 기업들도 드물다. 물론 셋째 단계는 거의 관심을 끈 적이 없었다고 할 수 있다. 그러므로 비전과 목표의 공유라는 흔한 주장도 고정관념을 벗어나 실질적인 의미로 재해석되어야 한다.

변화경영을 다룬 책에서는 개인의 비전과 목표 설정 단계는 거의 언급되지 않는다. 다만 브라이언 트레이시만이 자기계발 전문가의 입장에서 집필한 조직 성장을 위한 경영전략을 다룬 책에서 다음 두 가지가 동시에 추진될 필요가 있음을 강조하고 있다.

첫째, 자신의 회사에 대해 어떤 비전을 갖고 있는가? 자신의 사업이 모든 면에서 이상적이라고 상상해보라. 그러면 어떤 모습일 것 같은가? 둘째, 자신을 위한 비전은 무엇인가? 인생과 일이 모든 면에서 이상적이라면 어떤 모습이겠는가?[5]

조직과 개인을 변화경영이 추구하는 비전과 목표로 연결하는 과정이 비록 쉽지 않은 작업일지라도 좀 더 근본적인 변화를 이끌어내는 데 큰 영향력을 줄 수 있다고 본다.

05_
적극적으로 커뮤니케이션하라

'변화경영은 커뮤니케이션이자 소통이다.' 이는 변화경영을 추진해 가는 과정 전반에 걸쳐 커뮤니케이션의 중요성을 강조하는 말이다. 특히 준비단계와 시작단계의 원활한 커뮤니케이션은 아무리 강조해도 지나치지 않을 것이다. 지속적으로 공감대를 충분히 형성하지 않고서는 그다음 실행단계에서 큰 효과를 거두기 힘들기 때문이다.

'우리가 함께 문제를 해결하기 위해 나서야 한다'는 목표를 세우는 것이야말로 실행단계 이전까지 이루어져야 할 궁극적인 커뮤니케이션의 목표라 할 수 있다. 이 단계에 이르면 변화경영에 반대하거나 소극적인 사람은 소수에 지나지 않아야 한다. 대다수는 '한번 해보자'는 의욕을 갖고 기꺼이 자신의 시간과 에너지를 새로운 목표 달성을 위해 투입할 수 있는 상태까지 만들어야 한다. 그리고 소극적인 사람들도 다수가 움직이는 방향으로 서서히 자신의 태도와 마음가짐을 변화에 동참하도록 분위기를 조성해야 한다.

1부 3장에 소개된 르윈의 모델에서 언급한 것처럼 변화경영의 성공적인 추진을 비행기가 이륙하는 단계에 비유하면, 항상 저항력보다는 추진력이 더 강한 상태에 도달해야 새로운 성과를 거둘 수 있다.

이를 위해서 경영층들이 할 수 있는 방법으로 다음 몇 가지가 있다. 우선은 조직이 갖고 있는 모든 커뮤니케이션 채널을 점검해야 한다.[6] 사내 잡지, 소식지, 이메일, 조례, 강연, 사내 방송 등 다양한 정보 채널들이 한 가지 목표, 즉 변화경영의 성공을 위해 경영층과 임직원들 사이의 원활한 정보 교류에 집중되어야 한다.

앞에서 이미 언급한 바와 같이 조직의 규모가 어느 수준 이상이라면 한시적인 매체로서 변화경영의 성공을 위한 소식지를 만들 수 있다. 이러한 소식지는 변화경영의 추진에 직·간접으로 관련된 정보를 지속적으로 구성원들에게 전달함으로써 변화경영의 성공에 필요한 환경을 조성한다. 열독률을 높이기 위해서 투고나 제안을 통해 참여할 경우 경품을 제시하는 등 다양한 방법을 사용해도 좋다. 일정 규모 이상의 커뮤니케이션 문제로 고심하는 조직이라면 적극적으로 고려해볼 수 있는 방법 가운데 하나다.

변화경영 추진팀은 타인을 설득하는 능력이 있는 사람들을 선택해서 변화경영의 전도사 역할을 맡길 수 있다. 이 가운데 반드시 포함되어야 할 사람은 최고경영자이다.[7] 그 어떤 사람보다도 최고경영자는 완벽하게 변화경영을 이해하고 이를 전도하는 역할을 수행해야 한다. 타인을 설득하는 일은 지식과 정보만으로는 부족하므로 변화경영에 대한 신념을 가진 인물을 선택해서 호소력 있게 전달할 수 있도록 훈련시켜야 한다.

다양한 모임을 만들어서 우리가 어디를 향하고 있으며 어떤 상황에 처해 있는지, 어떤 목적지에 도달할 수 있는지, 그렇지 않고 내버려 두면 어떤 상황에 처할 가능성이 높은지, 이를 가능하도록 하기 위해서 임직원들은 무엇을 어떻게 해야 하는지 등을 알려야 한다. 그리고 비슷한 상황에서 위기를 타개하고 큰 성과를 거둔 기업들이 있으면 성공 요인은 무엇인지, 비슷한 상황에서 실패한 기업들은 왜 실패하게 되었는지를 설득의 도구로 활용한다.

활자 매체, 영상 매체 모두 도움이 될 수 있다. 그러나 가장 확실한 방법은 대면 접촉을 통해 직접 설득하는 일이다. 흔히 '말은 문자보다 강하다'고 한다. 특히 조직의 임직원들을 설득하는 경우에는 대면 접촉이 매우 중요하다.

이따금 변화경영 커뮤니케이션을 진행하고 있는 기업들을 방문할 때가 있다. 수백 명의 임직원들이 모이려면 여간 비용이 많이 드는 게 아니다. 이런 중요한 모임에서는 대개 담당 임원이 현황 소개를 하고 마지막에 사장이 훈시하는 순서로 진행하는 것이 전형적이다. 변화경영의 성공에 깊은 관심을 가진 사람이라면 무엇이 잘못되었는지 금세 알아차릴 것이다.

담당 임원은 화려한 파워포인트 자료를 이용해서 우리가 처한 현 주소와 환경 변화 등 사실을 제시한다. 그러나 사실 전달로는 의미가 있을지 모르지만 감동을 주기에는 역부족이다. 문제의 심각성과 중요성을 누구보다 깊이 실감하고 있는 최고경영자가 스스로 준비한 자료를 갖고 임직원을 설득한다면 그 자체만으로 대단한 파급효과를 거둘 수 있을 뿐더러 임직원들의 주목도도 매우 높아질 것이다.

이때 예상치 못한 추가적인 결실을 거두게 되는데, 그것은 이 과정을 통해서 최고경영자 스스로 학습을 하게 된다는 점이다. 타인을 가르쳐보는 것만큼 확실한 학습 방법도 드물다. 스스로 변화경영에 대한 전도사가 될 뿐만 아니라 확신을 갖게 된다.

이런 점에서 하워드 가드너는 변화를 추진하는 지도자라면 "무엇보다 변화를 위한 새로운 비전과 관련된 설득력 있는 이야기를 개발할 수 있어야 한다"는 점을 강조한다.[8] 하워드 가드너는 규모가 작고 동질적인 대중의 마음을 변화시킨 사례로, 다트머스대학의 변화를 이끌었던 제임스 프리드먼 총장의 사례를 들려준다.

좀더 동질적인 대중을 다룰 때 가장 중요한 것은 전하려는 메시지, 이야기와 이론을 위해 얼마나 많은 시간을 투자하느냐이다. 이것은 아주 당연한 말 같지만 사실 우리는 이 문제를 자주 간과하는 경향이 있다. 예외 없이 우리는 새로운 생각을 전달하고, 그것을 즉각 이해시키며, 사람들의 마음을 극적으로 확실하게 변화시킬 수 있는 지름길은 없을까 하는 생각에만 몰두한다. 하지만 대부분의 경우, 즉각적인 전달과 수용은 불가능한 일이다. 변화의 순간이 비교적 빨리 오는 경우도 있지만, 대부분의 진정한 변화가 이루어지기까지는 오랜 시간과 수많은 시도, 그리고 상당한 후퇴까지도 감내해야 하는 것이다.[9]

직접 설득하는 작업이 전부는 아니다. 그러나 이것에 상당한 비중을 두어야 한다. 항상 기억해야 할 점은 누군가 전도사 역할을 자임해야 하는데 그 임무를 가장 효과적으로 추진할 수 있는 사람은 최고경영자라는 것이다. 그것이 어렵다면 조직에서 존경을 받고 지위나 영향력 면에서도 상당한 위치에 있는 사람이 맡아야 한다. 누군가의 이야기를 수용하는 것은 영향력을 받아들이는 일이다. 따라서 어느 정도 권위가 믿음을 줄 수 있는 상태에서 설득 작업이 이루어져야 한다.

그 밖에 비전을 공유하기 위해 시각적 노출을 대폭 증가시키는 방법도 중요하다. 혁신은 눈을 통해서 이루어진다. 광고가 반복적으로 보일 때 효과가 있는 것처럼, 비전이나 목표 역시 시각적으로 반복적으로 노출되어야 그만큼 효과를 거둘 수 있다. 다른 한 가지 방법은 목표와 비전을 소유하는 방법이다. 목표와 비전을 기록해 항상 갖고 다니면서 확인하고, 공식적인 소규모 회의에서도 읽고 생각하는 시간을 갖는 방법도 고려해볼 만하다. 특별한 한 가지 방법만을 고집할 것이 아니라 구성원들에게 제안을 받아서 할 수 있는 모든 방법을 다 동원해서 오감을 통한 커뮤니케이션을 수행해야 한다. 일정 규모 이상의 모임을 시작하기 전에 마치 기독교 신자들이 주기도문을 함께 암송하듯이, 조직과 개인이 지향하는 바를 읽고 시작하는 것도 효과적이다.

커뮤니케이션 역시 임직원들 사이에서 조금씩 공감대를 형성해가는 작업으로 이해하면 된다. 임직원들이 중지를 모으면 효과적인 커뮤니케이션을 위한 더 좋은 아이디어들을 모을 수 있을 것이다. 사내 형편에 따라 우선순위를 정해서 효과적인 방법을 찾아내도록 하자.

다음의 3가지 자료는 변화경영과 관련된 성공적인 커뮤니케이션을 위해 도움이 될 것이다.

● **변화경영에서의 커뮤니케이션 기본원칙**[10]
1. 최고경영자는 커뮤니케이션의 챔피언이다. 핵심 메시지를 직접 전달하고, 사람들의 의견을 청취하며, 질문에 대해 답변을 하고, 말과 행동이 일치하도록 한다.
2. 중간관리자와 현장관리자는 운영 정보의 커뮤니케이션 역할을 한다. '큰 그림'과 '작은 그림'을 연결하고 추상적인 개념을 구체적으로 이해할 수 있게 번역한다.
3. 일차적인 커뮤니케이션 채널은 대면하거나 쌍방향 커뮤니케이션이고, 2차적 채널로 인터넷과 문서화된 자료를 이용한다.
4. 메시지는 목표 고객층의 특성에 맞게 전달한다.
5. 나쁜 소식은 숨기지 말고 솔직히 보고한다.
6. 커뮤니케이션을 지속적인 과정으로 보고, 정확한 정보를 적시에 제공한다.

● **변화경영을 추진하는 사람들을 위한 12가지 커뮤니케이션 스킬**[11]
1. 변화의 본질을 구체화하라.
2. '왜'인지 설명하라.
3. 설령 나쁜 뉴스라 하더라도 구성원들이 변화의 범위를 알 수 있도록 만들어라.
4. 변화의 목적과 행동 계획을 반복, 반복 또 반복하라.

5. 그래프를 사용하라.
6. 쌍방향 커뮤니케이션이 이루어지도록 하라.
7. 책임자를 공략하라.
8. 새로운 지식으로 변화를 지지하라.
9. 진행되는 실질적인 성과를 지적하라.
10. 만남이나 인쇄물로 커뮤니케이션을 한계 짓지 말라.
11. 변화에 관한 '정보 흐름'을 제도화하라.
12. 당신 자신을 변화의 역할 모델로 만들어라.

● **변화경영에서의 커뮤니케이션 원칙**[12]

1. 일차적인 커뮤니케이션 채널은 대면 커뮤니케이션이다.
2. 이차적인 커뮤니케이션 채널은 시간에 관계없이 쉽게 접근할 수 있는 전자적이며, 웹에 기반을 둔 커뮤니케이션이다. 이는 지식을 공유하는 것을 목적으로 한다.
3. 인쇄물은 보조자료로 사용할 수 있다.
4. 변화경영을 시행할 때 비전, 행동 사례, 전략적 우선순위 등에 있어 주요 커뮤니케이터는 간부들이다.
5. 변화경영을 시행할 때 현장 정보에 대한 주요 커뮤니케이터는 현장관리자와 매니저들이다.
6. 커뮤니케이션 프로세스는 정보의 전달과 피드백 사이에 균형을 유지해야 한다.
7. 사람들은 변화해야 할 합당한 이유가 있다고 믿지 않는 한 변화하지 않는다. 따라서 변화를 위한 사례나 절실한 비전을 제공해야 한다.

8. 사람들은 조직이나 개인이 어떻게 변화해야 하는지에 대해 이야기할 수 있다면(참여할 수 있다면) 변화에 더욱 열린 자세를 유지하게 된다.
9. 사람들은 다음 3가지가 가능하다면 바람직한 방향으로 변화하게 된다. 변화해야 할 방법을 이해하거나, 변화로 인한 보상을 인지하거나, 교육이나 훈련 혹은 변화에 대해 자신의 의견을 제시할 수 있을 때이다.
10. 변화 커뮤니케이션은 가급적 적시에 열린 상태로 정직하게 이루어져야 하며 정보는 가능한 빠르게 전달해야 한다.

3장

추진단계_
변화를 행동으로 옮겨라

세상은 변화를 정말 싫어한다.
그런 진보를 가져오는 유일한 것은 변화뿐이다.
The world hates change yet it is the only thing that has brought progress.

– 찰스 케터링(미국의 발명가)

01_
야심적인 목표 관리를 실시하라

먼 미래에 달성하고자 하는 원대한 비전이나 목표만으로는 충분한 동기부여를 할 수 없다. 변화경영에 성공하기 위해서는 가까운 장래에 일단 이것을 달성한 뒤 그다음에 저것을 달성하겠다는 식으로, 정해진 시간 스케줄에 따라 성취해야 할 명확한 목표를 향해 나아가야 한다. 구체적이고 야심적인 숫자에 마감시간이 확고한 숫자가 더해진 목표는 구성원들로 하여금 자신이 무엇을 어떻게 해야 할 것인가를 고민하게 만든다. 구체적인 목표의 중요성에 대해서 보스턴컨설팅그룹의 지니 다니엘 덕은 "조직 전체가 성공할 수 있다는 사실을 보여주기 위해서는 모든 사람들이 참여할 수 있는 간단한 목표에 초점을 맞추는 것이 좋다"고 말하기도 한다.[1]

목표 관리는 전사 차원의 목표 관리, 사업부 차원의 목표 관리, 팀 차원의 목표 관리, 그리고 궁극적으로는 개인 차원의 목표 관리까지

풀가동할 수 있도록 해야 한다. 그리고 이제까지 실시해왔던 목표 관리 방법을 좀 더 정교하고 조직적으로 추진할 수 있도록 개선할 필요가 있다.

이와 더불어 해야 할 일 가운데 하나는, 이제부터 변화경영을 본격적으로 추진함으로써 성과를 만들어내야 한다는 것을 구성원들에게 선언하는 일이다. 조촐한 행사가 될 수도 있고 아니면 단순한 발표가 될 수도 있다. 어떤 형식을 취하든지 간에 '이제부터 우리는 변화경영을 통해서 성과 창출을 위해 노력해야 한다'는 것을 구성원들에게 분명히 알리고 이에 걸맞은 행동을 요구해야 한다. 마치 벼랑 끝에 서 있는 것처럼 목표 달성을 위해 구성원들이 가진 모든 에너지를 집중해야 하는 시점이다.

이때 간과해서는 안 될 부분은 변화경영의 결과물이 쉽게 나오기 힘들다는 점이다. 예를 들어 변화경영을 실시하고 난 다음 일정 기간 동안은 성과가 오히려 하락하여 변화경영을 주도하는 사람들이 당황하는 경우가 자주 발생한다. 어떤 경우에는 마치 바닥이 없는 것처럼 성과가 뚝 떨어지기도 한다. 하강 국면처럼 포물선이 일정 기간에 걸쳐서 눈에 뜨일 정도로 내려가는 경우가 발생한다.

변화경영의 성공에 대해서 굳건한 신념을 가진 사람들이라도 막상 성과가 떨어지는 것을 지켜볼 때 불안함과 참담함이 함께하는 경우가 많다. 본래 낙관론이 지배할 때는 마냥 낙관적으로 보이고 비관론이 지배할 때는 비관적인 상황이 계속될 것처럼 보이기 때문이다. 심지가 굳지 않은 최고경영자가 흔들리고 이에 따라 지배주주들도 좌불안석인 상태가 되고, 경영층은 변화경영에 대한 확신이 흔들리게 되는 경우도 있다. '괜히 시작한 건 아닌지' 라는 회의가 생기는 시점이다.

이렇게 되면 구성원들 사이에 저항세력들이 고개를 서서히 들기 시작한다. '그런 방법은 우리 조직에서는 통하지 않아. 예전에도 그런 시도를 해보았지만 소용없었어. 이번에도 실패할 거야' 라는 소문들이 서서히 퍼져나가게 된다. 원래 여론이란 무리 습성과 비슷하기 때문에, 낙관론이 지배할 때는 같은 생각을 갖고 있지 않던 사람들도 그런 생각에 동조하지만, 일단 비관론이 확산되면 자기 생각을 갖지 못하고 마냥 따라오던 사람들조차 비관론에 편승해버리게 된다.

조직 내부의 반대에도 불구하고 변화경영을 야심차게 실시해오던 사람들이 경영성과가 나빠지면서 코너에 몰리게 되고, 이렇게 가다가는 끝없이 떨어지는 것은 아닌가 하는 걱정과 불안에 시달리기도 한다. 그런 어려움을 경험하면 웬만큼 확신이 강한 사람들도 내면세계의 심한 동요를 경험하게 된다.

변화경영이 시작부터 장밋빛 미래를 보장한다면 모든 기업들이 변화경영을 시도해서 큰 성과를 거둘 수 있을 것이다. 그러나 다른 변화와 마찬가지로 리스크를 감당하지 않고 얻을 수 있는 것은 없다. 변화경영의 리스크는 초기에 실적 부진이란 모습으로 나타날 가능성이 높다. 또한 기존의 질서를 뒤흔드는 일이기 때문에 성과 창출에 일정한 장애가 발생할 수 있다. 새로운 성과를 창출하기 위해 기존의 방법을 고치고 환부를 도려내는 작업이 진행되는 동안에도 성과가 쑥쑥 나아지기를 기대하기란 쉽지 않다.

예를 들어 변화경영의 일환으로 영업망을 조정하거나 새로운 영업 채널의 개발이란 과제가 있다면 현장에서의 성적이 떨어지는 것은 불가피하다. 다시 말해서 다수의 조직에서 하강 국면으로 들어가는 조정 과정이 어느 정도의 시간을 두고 일어날 수밖에 없다는 말이다.

변화경영의 성공 여부는 이런 힘든 시기를 잘 견뎌낼 수 있는가, 그리고 얼마나 빠른 시간 안에 실적 부진에서 벗어날 수 있는가에 달려 있다. 변화경영을 추진하는 사람들은, 초기 단계에 성과가 일정 기간에 걸쳐 떨어지는 상황이 발생할 수 있기 때문에, 드러내놓고 이야기할 필요는 없지만, 기업 운영 면에서 충분히 대비해야 한다. 그리고 그런 상황을 빠른 시간 안에 극복하기 위해 어떤 효과적인 방법을 사용해야 하는지에 대한 대비책을 마련해야 한다. 그래야 초기의 실적 부진 상태에서 구성원들이 우왕좌왕하지 않고 상황을 극복할 수 있다.

빨리 바닥을 다지는 작업도 필요하다. 그러나 바닥을 다지는 것은 결국 사람이기 때문에, 구성원들이 지나치게 동요하지 않도록 만들어야 한다. 이는 변화경영을 추진해가는 경영층들이 맡아야 할 일 가운데 하나이다. 따라서 변화경영 초기단계에서는 목표 관리에 있어 다소 유연성을 가질 필요가 있다. 1분기의 부진을 2분기에 만회하는 형식을 취할 수도 있다.

변화경영을 주도해나가는 사람들뿐만 아니라 이를 실천에 옮기는 구성원들도 초기에 화력을 집중해야 한다. 왜냐하면 초기의 성과 부진 상태를 어떻게 극복하느냐가 이후에 전개되는 변화경영의 승패에 큰 영향을 미치기 때문이다. 그래서 변화경영을 추진하는 동안에는 평소의 목표 관리를 짧은 시간대로 나누고 집중적으로 성과와 원인을 점검할 필요가 있다. 추진 결과를 측정하고 평가하는 시간대를 줄이고, 변화경영 초기에 의도했던 방법들이 제대로 작동하는지, 혹은 고쳐야 할 점은 없는지 등에 대해 면밀히 점검해야 한다. 상황 변화에 맞추어 처음에 계획했던 방법을 수정할 수도 있다. 이처럼 초기 단계에는 숨가쁘게 몰아붙이는 형식으로 진행하는 것이 올바르다. 기업 경영이 늘 그렇듯이 상황 변화에 맞춘 미세한 조정은 항상 필요하다.

변화경영을 성공적으로 이끌었던 P사장과 사석에서 대화를 나눌 기회가 있었다. 그 역시 변화경영을 추진하는 단계에서 초기의 예상치 못한 극심한 부진 때문에 마음고생을 크게 한 사람이다. 그가 필자에게 들려준 이야기는 변화경영을 야심차게 시도하는 사람들이라면 염두에 두어야 할 만한 것이다.

변화경영이란 것이 처음에는 우군을 확보하기 어렵지 않습니까. 오너의 강력한 제안에 의해서 시작되기는 하였지만 기존 질서를 바꾸는 일은 무척 어렵거든요. 그리고 처음 시작할 때 대다수는 반대자고 찬성하는 사람들은 소수입니다. 본래 사람이란 변화하는 것을 그다지 좋아하지 않습니다. 특히 임직원들의 대다수는 기존의 질서를 유지함으로써 어느 정도 혜택을 보고 있기 때문에 상황이 급격히 악화되기 이전에는 변화경영을 기꺼이 환영하는 사람들은 소수에 불과합니다.

솔직히 이야기하면 3분의 1 정도가 기꺼이 변화를 수용하는 수준이고, 나머지 3분의 1은 다른 사람에게는 변화가 필요하지만 자신에게는 불필요하다고 느끼며, 나머지 3분 1은 실질적으로 변화에 저항하는 사람들일 가능성이 높습니다. 이렇게 열악한 상황에서 시작된 변화경영이 초기에 성과가 눈에 띄게 부진하면 반대하는 사람들이 돌아서서 이런저런 험담을 늘어놓습니다. 이때는 반대도 찬성도 아닌 어중간하게 동참하는 듯한 자세를 가졌던 사람들도 흔들리게 됩니다. 성과가 부진하면 변화경영을 주도하던 경영진들 사이에도 의견이 엇갈리고 걱정이 늘어나게 됩니다. 만에 하나라도 바닥이 없이 뚝 떨어져버리면 어떻게 하나라는 걱정이 생겨나기 때문입니다.

이런 상황을 잘 극복해나가는 것이 변화경영의 성공 여부에 매우 중요한 요인입니다. 일종의 심적인 극복 과정이지요. 왜, 새벽에 동이 트기 전이 가장 어둡다는 말이 있지 않습니까. 결과가 제대로 나오기 전까지는 마냥 기다리는 것이 아니라 노력을 해야겠지만, 무엇보다 변화경영에 대한 확신을 잃어선 절대 안 됩니다. 이 점을 변화경영을 시도하는 다른 분들에게 꼭 들려주고 싶습니다.

결국 변화경영을 추진함에 있어 초기단계의 부진이란 불가피하다는 것을 염두에 두어야 한다는 말이다. 물론 이를 이유로 조직원들 앞에서 부진한 성과를 정당화할 필요는 없다. 다만 일정 기간 동안 부진이 올 수 있음을 받아들이고 마음의 준비와 대책 마련을 철저히 해야 한다. 사전에 충분히 알고 있다면, 그런 상황을 조기에 종식시키기 위한 방법을 미리 마련할 수 있다.

02_
우선순위에 따라 실행하라

 변화경영은 구호나 슬로건이 아니라 현장에서 활동하는 사람들의 실천을 필요로 한다. 또한 준비 과정에 지나치게 많은 시간과 에너지가 투입되지 않도록 유념해야 한다. 물론 변화경영은 기존의 것을 바꾸는 일이므로 조직의 성과에 큰 영향을 미치게 될 일들에 대한 충분한 사전 검토가 있어야 한다. 그러나 이런 준비 과정을 집중적으로 추진하여 최대한 소요 시간을 줄여야 한다.
 변화경영은 조직의 모든 국면에서 성과와 역량을 끌어올리기 위한 실천 활동이 활발하게 진행되는 것을 의미한다. 성과 창출을 위해서 실행에 집중하라! 쉽게 표현하자면 준비에는 30%, 실행에는 70% 정도의 에너지를 배분할 정도로 실행력이 중심이 되어야 한다.
 더 나은 성과를 만들기 위한 실험 정신이 광범위하게 확산됨으로써 서로에게 자극을 주고 동기부여를 할 수 있다. 학습은 이론의 이해를 통해 이루어지기도 하지만, 온몸으로 직접 체험해봄으로써 이루어지는 경우가 많다. 일이란 최고의 개별적인 학습 과정이기도 하다. 몰입된 상태로 자신의 업무를 추진하면서 사람들은 학습하게 된다. 그렇기 때문에 성과 창출을 위한 실천 중심적인 조직을 만들 수 있도록 최선의 노력을 다해야 한다.

변화경영은 실행을 필요로 한다. 실행력이 뒷받침되지 않는 변화경영은 말잔치에 불과하다. 변화경영과 실행은 동전의 양면이기 때문이다. 변화경영은 궁극적으로 프로세스 혁신이 상당 부분을 차지한다. 기존의 프로세스나 제도, 구조나 문화 등을 획기적으로 바꿈으로써 원하는 성과와 역량 강화라는 목표를 달성하는 것이다. 이따금 사람들은 새로운 성과와 역량 창출이란 목표를 간절히 원하면서도 기존의 방법을 바꾸는 데 인색한 경우가 있다. 하지만 이는 올바르지 않다. 세상사는 모든 것이 투입 대비 산출, 원인 대비 결과의 인과관계로 이루어져 있기 때문이다. 투입량을 늘리거나 방법을 바꾸면 산출량이 달라진다. 이와 마찬가지로 원인을 통제하면 결과가 달라진다.

한번은 경영 성과를 끌어올리기 위해 변화경영을 시작한 지 얼마 되지 않은 기업에서 영업부 직원들을 대상으로 강연을 할 기회가 있었다. 강연을 마친 뒤 본부장이 임직원들에게 이렇게 당부하였다.

오전에 각 팀들이 발표한 자료를 보면 모두가 '무엇을 달성하겠습니다'라는 데 초점이 맞추어져 있었습니다. 우리가 고민해야 하는 것은 그것이 아닙니다. 지난해에 비해서 경영환경이 조금도 나아지지 않은 상황이 지속되는데, '무엇'에만 초점을 맞추어서는 곤란합니다. '어떻게'에 주목해야 결과를 얻을 수 있습니다. 지난해에 해오던 방법을 그대로 답습하는데 어떻게 올해 결과가 달라질 수 있겠습니까. 이 강연 이후에 진행하는 팀별 모임에서는 '어떻게 바꿀 것인가' 라는 부분에 특별한 관심을 두기 바랍니다.

변화경영을 통해 비전이나 목표를 선언하는 것도 필요하지만, 변화경영의 궁극적인 목표는 현장에서 구체적으로 이루어지는 혁신을 통해 눈에 띄게 다른 성과를 만들어내는 일이다. 우선, 없는 것을 만들어내기에 앞서 있는 것을 최고로 활용하기 위한 방법을 고안하고 이를 실천에 옮겨서 성과를 창출할 수 있어야 한다. 기존의 성과와 다른 획기적인 성과를 기대하는 사람들이라면 당연히 그런 성과를 낳을 수 있도록 방법을 바꾸어야 한다. 또한 그것은 경영층이 아니라 현장에서 직접 실무를 담당하는 사람들의 머릿속에서 나와야 한다.

실행이 중요한 이유가 바로 여기에 있다. 백 번의 궁리보다는 한 번의 실천이 더 중요하다. 직접해봄으로써 사람들은 배우게 된다. 직접해보면 새로운 방법에 대해 생각하게 된다. 또한 직접해봄으로써 서로 학습 결과를 공유하게 된다. 변화 전문가인 존 코터는 변화경영에서 실행이 차지하는 비중에 대해 이렇게 강조하고 있다.

세상은 머리 좋은 사람들의 현학적이고 추상적인 말장난을 통해서 변하는 것이 아니다. 변화는 우직하게 손발을 움직이는 사람들이 만든다. 생각은 산더미처럼 해놓고 손톱만한 행동도 보이지 않는다면 아무 소용이

없다. 변화는 실천으로 시작해서 실천으로 끝난다.[2]

'열 번의 논의보다 한 번의 실천을!' 과 같은 분위기를 만들어야 한다. 변화경영을 추진함에 있어 구체적인 목표가 결정되면 조직의 구성원들은 '어떻게 달성할 수 있을 것인가' 라는 과제를 자연스럽게 논의하게 되고, 이 과정에서 목표달성에 필요한 방법을 도출할 수 있게 된다. 그다음은 이런 방법들을 직접 자신의 업무에 적용시켜나가는 문제가 남는다. 여기서 지극히 개인적인 문제들이 등장하는데, 그것은 얼마만큼 결과 창출을 위해 몰입하고 노력할 수 있느냐 하는 문제이다.

여기에는 여러 가지 요소가 영향을 미치겠지만 무엇보다 중요한 것은 조직 전체 차원에서 업무에 대한 몰입도를 증가시킬 수 있는 방법을 찾는 것이다. 몰입도를 저해하는 요인은 무엇인지, 이를 개선할 수 있는 방법은 무엇인지 등은 큰 비용을 지불하지 않더라도 조직의 기존 프로세스를 고침으로써 가능한 일이다.

한 가지 대표적인 사례 가운데 하나가 회의와 관련된 부분이다. 변화경영을 시도하는 조직들은 조직원을 대상으로 무엇이 결과 창출에 부정적인 영향을 미치는지 조사해보아야 한다. 아마도 느슨하고 비효율적인 회의 문화가 우선순위의 상위에 있을 것이다. 회의 주제를 분명히 하고, 마감 시간을 정하고, 동시에 회의에 소요되는 기회비용을 분명히 공지하는 등의 방법만으로도 회의 효과를 극대화할 수 있다. 이는 곧바로 논의 시간을 줄이고, 실질적인 성과 창출을 위한 실행 시간을 늘리는 효과를 가져올 뿐만 아니라 구성원들이 실행을 위한 에너지를 가질 수 있도록 해줄 것이다.

조직이든 개인이든 사용할 수 있는 에너지나 시간의 총량이 제한되어 있으므로 구상에 투입되는 시간이나 에너지보다는 실천이나 실행에 투입되는 시간이나 에너지의 총량이 더 큰 비중을 차지할 수 있어야 한다. 또한 절대적인 개념뿐만 아니라 상대적인 개념도 중요하다. 단위 시간당 실행에 집중도를 더 높일 수 있는 방법도 찾아야 한다. 양적으로 뿐만 아니라 질적으로 실행에 더 많은 에너지가 투입된다면 정해진 시간에 더 많은 성과와 역량을 창출할 수 있을 것이다.

결국 변화경영을 추진하는 동안, 목표 관리에 따라 정해진 시간 안에 성과나 역량을 창출하기 위해서는 조직의 모든 에너지가 투입되도록 조치해야 한다. 실행력은 조직 문화의 한 부분일 수 있다. 항상 구호만 앞서고 이를 위한 실천이 뒤따르지 않는 기업이 많다.

예를 들어 25년간 휴렛팩커드에서 일하던 페레스가 코닥 임원으로 부임했을 때 놀란 사실 가운데 하나는, 10여 년간 디지털 분야에 엄청난 재원이 투입되었고 '필름 회사에서 디지털 회사로' 라는 구호가 요란했지만, 실제로 나타난 성과는 거의 전무하다는 점이었다. 한마디로 시간을 죽이고 있었다는 이야기다. 그래서 그는 가급적 시간의 간격을 줄이고 그 시간 동안 얼마나 성과를 거둘 수 있는가를 중심으로 조직을 점검함으로써 조직을 크게 바꾸었다. 구성원들에게 말이 아니라 실천을 중심으로 하라는 메시지를 분명히 전달한 것이다. 그는 이 같은 변화를 시도하여 괜찮은 성과를 거두고 있다.

최근에 변화경영의 초기 단계에 막 들어가기 시작한 중견 기업을 방문할 기회가 있었다. 오너인 P씨는 필자에게 다음 이야기를 들려주었다. 실행의 중요성을 말해주는 좋은 사례다.

아버지가 몇 해 전에 사업을 떠날 때와 몇몇 계열사의 외형은 비슷합니다. 그동안 아무런 성과가 없었습니다. 외부에서 유능하다고 추천하는 분들을 모셔다가 변화경영을 시도해보았지만 실제로 나오는 성과는 거의 없다는 결론만 나왔습니다. 제가 이를 미처 깨닫지 못한 게 불찰이었습니다. 늦은 감이 있지만 제가 진두지휘해서 이번에는 변화경영을 제대로 실시하려고 합니다. '한 번 더 기회를 주면 잘할 수 있습니다'라고 말하는 사람들이 태반입니다. 기회를 한 번 더 주더라도 제대로 한 일은 거의 없었던 것 같습니다.

 이 이야기를 듣자마자 필자는 이렇게 대답하였다.

책임질 수 있는 분이 직접 나서야 합니다. '잘하겠습니다. 노력하겠습니다'는 말로는 충분하지 않습니다. 얼마를 만들어냈는지, 이것이 주를 이루어야 그때 비로소 조직이 제대로 돌아가게 됩니다. 실행 중심의 조직이 되지 않으면 변화경영은 말의 성찬으로 끝나고 맙니다. 성과에 대해서도 엄격하게 책임을 묻지 않으면 윗선뿐만 아니라 조직 전체가 말 중심의 조직으로 바뀌는 것은 시간 문제입니다. 저는 그런 조직을 많이 보아왔습니다. 성과에 대해 책임을 질 수 없는 사람은 빨리 바꾸어야 하지요. 교체하는 것도 결국 타이밍의 문제입니다. 외부의 소리를 들을 필요는 없습니다. 내가 책임을 지는 것이지 누가 책임을 져주는 것은 아니지 않습니까?

변화경영은 철두철미하게 성과 중심, 그러니까 실행력 중심으로 추진되어야 하고 평가받아야 합니다. 그리고 실행력이 없는 사람은 성과가 중시되지 않는 분야에서 일해야 합니다. 비즈니스는 낭만이 아닙니다. 그것은 죽고 사는 문제이지 않습니까.

실행 과정에서 반드시 관심을 가져야 할 2가지 원칙은 다음과 같다.

첫째, 검증되지 않은 방법을 전사적으로 급속히 추진하는 부문에 대해서는 주의가 필요하다. 새로운 방법일수록 소규모 집단을 중심으로 실험 가동을 해봐야 한다. 가급적 소규모 집단으로 검증 과정을 거친 다음에 전사적으로 실행에 옮기는 것이 조직의 혼란과 비용을 줄여준다. 특히 하나의 부서나 사업 단위의 성공은 다른 부서들에게 성공 모델로 이용해도 손색이 없다. 또한 새로운 방법을 사용할 때 구성원들이 가질 수 있는 두려움이나 불안감을 없애는 데도 기여할 수 있다.

둘째, 핵심과제부터 실행하라. 모든 과제를 동시에 다룰 수는 없다. 때문에 변화경영의 대상이 되어야 할 문제를 전부 나열한 다음에 우선순위에 따라 핵심과제와 비핵심과제로 분리해야 한다. 변화경영에 투입할 수 있는 시간과 에너지를 충분히 고려한 다음, 핵심과제에 초점을 맞춰 변화경영을 실행해야 한다. 공략해야 할 과제에 우선순위를 매기는 일은 변화경영의 성공을 위해 대단히 중요한 일이다. 일반적으로 변화경영 추진팀은 비전과 목표달성에 필요한 10~30개 정도의 핵심과제를 선정하고 각각의 핵심과제에 대해 구체적인 실행과제를 선정하여 추진한다.

LS전선은 24개의 혁신과제와 이를 더욱 세분화한 67개의 실행과제로 나누어서 변화경영이 추진되었다.[3] KT의 변화경영은 13대 중점 혁신과제를 선정하고 이는 각각 31개 실행과제로 세분화되어 추진되었다.[4] 13대 중점 혁신과제는 결산 리드 타임 단축, 사용자 중심의 재무 프로세스 구축, 효율적인 재무 자원 활용, 적기 조달 체제 구축 등으로 구성되는데, 이 가운데 재무 부문의 '결산 리드 타임 단축'이라는 첫 번째 핵심과제는 5개의 실행과제로 만들어졌고 이 실행과제는 3개의 프로세스 달성 방안, 4개의 시스템 관련 달성 방안, 2개의 조직 제도 달성 방안으로 구체화된다. 그리고 철도공단의 변화경영은 17대 혁신 주제별로 40개의 혁신 방안을 마련하고 각 방안은 909개의 과제 풀로 나누어 추진되었다.[5] 포스코의 변화경영은 36대 중점 혁신 과제를 선정해서 추진되었다.[6] 각각의 실행 과제는 다시 프로세스, 시스템, 조직, 제도 과제로 나누어져 모두 77개의 달성 방안으로 구체화되었다.

03_
조기에 성공 사례를 발굴하라

변화경영이 추진되면 초기 단계에서는 소수만이 적극적으로 행동한다. 나머지 대다수는 마지못해 동참할 가능성이 높다. 게다가 다들 새로운 것에 대한 의심을 가지고 한번 지켜보자는 쪽이 대세를 이룰 수 있다. 따라서 변화경영에 가속도를 붙이려면 더 많은 사람들이 조속한 시간 내에 적극적인 행동가로 변화할 수 있도록 만들어야 한다. 어떻게 하면 이런 변화를 불러일으킬 수 있을까?

다수의 사람들을 설득하는 좋은 방법은 성공 사례를 직접 눈으로 확인할 수 있도록 보여주는 것이다. 대단한 사례가 아니더라도 변화경영 추진 과정에서 구체적으로 얻어낸 성공 사례를 적극적으로 찾아낼 필요가 있다. 이런 사례는 평범한 사람이나 방관자적인 태도를 유지해왔던 사람들을 설득하는 데 큰 힘이 된다.

눈으로 직접 보는 것만큼 큰 효과를 발휘하는 방법은 드물다. 게다가 자신과 전혀 다르지 않은 평범한 동료나 그 동료들로 이루어진 팀이 만든 성공 사례를 접하게 되면 변화경영을 위한 노력에 힘을 더하도록 유도할 수 있다. 이런 성공 사례 발굴은 일시적인 이벤트가 아니라 성공 사례를 일정한 간격으로 모집해서 적절한 보상을 하는 식으로 체계적으로 진행해야 한다.

그러나 여기에 그쳐서는 안 된다. 이런 사례들을 일종의 전리품으로 적극 활용하기 위해서는 어떤 방법이 있을까? 활자 매체는 실을 수 있는 내용이 제한되어 있기 때문에 피상적인 겉핥기 수준에 그치고 말 가능성이 있다. 이럴 때 적극적으로 활용할 수 있는 방법 가운데 하나가 내부 인트라넷에 하나의 별도 코너를 신설하는 것이다. 성공한 개인이나 팀을 상대로 심층적인 케이스 스터디를 싣는 방법을 적극적으로 고려해 보자. 이런 케이스 스터디에서도 하나의 원칙, 즉 언제, 누가, 어떻게, 왜, 무엇을 등에 대한 답을 상세하게 소개할 수 있다. 동시에 또 다른 해설들, 즉 색인 등을 만들어서 모든 구성원들이 인트라넷에 접속해 자사가 다양한 분야에서 어떻게 변화경영을 성공시킬 수 있었는가를 찾아보는 것만으로도 큰 도움이 될 것이다. 여기에 전문가의 도움을 받아서 해설이나 교훈을 덧붙인다면 변화경영을 위한 개인의 학습이나 행동 지침으로 손색이 없을 것이다.

조기에 성공 사례를 발굴하면 저항심을 갖고 있거나 무관심으로 변화경영을 대하는 사람들, 그리고 마지못해 끌려가듯이 변화경영에 임하는 사람들을 적극적인 동참자로 바꿀 수 있다. 그러나 많은 기업들의 사례를 살펴보면 거시적인 목표나 추진 과정에 집착한 나머지 사람들을 설득하는 일의 중요성을 간과하는 경우가 많다.

성공 사례는 변화경영을 위한 교육 자료로도 충분히 활용할 수 있다. 변화경영을 추진해가는 과정에서 워크숍이나 각종 모임들이 이루어지게 되는데, 이때 다른 회사의 사례를 다루기보다는 짧은 기간 동안 사내에서 이루어진 변화경영의 성공 사례를 집중적으로 다룰 필요가 있다.

또 한 가지 활용 가능한 사례는 변화경영을 성공시킨 사람들이 그 결과를 팀 동료나 조직 전체에 전파하는 데 힘을 보태도록 유도하는 것이다. 사람들은 스스로 가르쳐보면서 큰 힘을 얻게 된다. 변화경영의 추진 단계에서 조기에 큰 성과를 거둔 사람이라면 계속적으로 더 나은 결과를 만들 가능성이 높다. 이들은 타인에게 자신의 결과를 가르쳐보면서 자신의 성공 사례를 개념화하고 이론화할 수 있기 때문에 더 나은 결과를 위한 아이디어를 만들 수 있다. 뿐만 아니라 가르치는 과정에서 스스로도 더 많이 배울 수 있다.

또한 스스로 확신을 가질 수 있다는 점도 매우 중요하다. 신념을 갖춘 인물들은 변화경영 추진 단계에서 더 큰 성과를 거둘 수 있을 뿐만 아니라 더 많은 사람들이 변화경영에 몰입할 수 있도록 도와줄 수 있다. 영업이든 연구개발이든, 자신이 하고 있는 일에 대한 확신이나 신념을 갖고 있는 인물들은 놀라울 정도의 결과를 낳는 경우가 많다. 변화경영 또한 예외가 아니다. 변화경영의 초기단계에 자신이 추구하는 일에 대한 신념을 가진 인물을 양산할 수 있다면 이보다 더 큰 도움이 되는 일은 없을 것이다.

하나은행에서 이루어진 혁신 사례를 보자. 오랫동안 근무해왔던 사람들의 눈에는 '더 이상의 변화는 필요 없다'는 시각이 지배적이었다. 그러나 현장에서 열심히 자신의 업무를 개선하기 위해 노력하던 실무자의 눈에는 더 완벽한 상태로 프로세스를 변화시킬 필요가 있었다. 당시에 대리 직급에 있던 단 한 명의 실무자가 일 년 동안 물품구매 업무를 통해서 줄일 수 있었던 비용은 무려 100억 원이나 되었다.

그가 물품구매 업무를 맡게 된 2003년부터 하나은행엔 구매 혁명이 시작되었다. '집에서 전자제품 하나 살 때도 인터넷에서 모조리 가격 비교를 해보고 사잖아요. 그런데 은행은 수백억 원대 구매니 더 꼼꼼해야죠. 판매업자들이 권하는 모델을 그냥 사는 게 아니라, 황학동 가구 거리를 돌아다니며 일일이 가격을 비교했죠. 공장도 수십 번 들락거리고 경쟁입찰도 붙였어요.[7]

이런 결과는 기존의 구성원들에게 상당한 자극을 제공한다. 더 이상 변화가 필요 없다고 생각하는 사람들에게 '자 봐라! 이 정도의 절감이 가능하다면 우리 조직 내부에 더 많은 변화가 얼마든지 가능하다' 는 분위기를 유도할 수 있다.

필자는 조직이 과연 이 사례를 이후 충분히 활용했을까 하는 의문이 들었다. 언론에 발표 한번 하고 약간의 포상을 한 다음에 그것으로 끝났을 가능성이 있다. 이러한 성공 사례를 계속적으로 공유하고, 한 걸음 더 나아가 이로부터 무엇을 배워야 할 것인가에 대한 논의를 확산시킨다면, 더 많은 성공 사례를 끌어내고 더 많은 구성원들이 변화한다는 것 자체에 대해 고민하게 만들 수 있을 것이다.

전쟁에서와 마찬가지로 변화경영 역시 전리품이 필요하다. 성공 사례 이외에 사람들의 동참을 크게 유도할 수 있는 다른 방법이 있다면 적극적으로 찾아야 한다. 어느 집단이나 같은 분야에 오랫동안 종사해온 사람들이 다수를 차지하게 마련이고 이들을 설득하는 일은 만만치 않은 일이다. 자신들이 당연하게 여겨왔던 상식을 깨뜨릴 수 있는 사례들을 보여주면 설득 가능성은 그만큼 커지게 된다. 그러므로 조직의 신참자들, 즉 고정관념이나 선입견으로부터 비교적 자유로운 사람들이 변화경영의 초기단계에서 얼마나 선전해주는가가 성공 여부에 커다란 영향을 미친다. 따라서 이들에게 주목해야 한다. 이들로 하여금 좀 더 적극적으로 새로운 방법, 새로운 기회에 눈을 뜨게 함으로써 고정관념을 가질 가능성이 높은 구성원들까지 변화경영에 동참하게 만들어야 한다. 조기의 성공 사례를 적극적으로 찾아내야 한다는 주장에 대해서 맥켄지 수석 컨설턴트를 지냈던 이승주 박사는 이렇게 말한다.

변화경영이 구체적인 성과 없이 장기화되면 사람들은 의욕을 상실하고 변화에 대해 회의적으로 될 수 있다. 이와 같은 성향을 극복하기 위해 파일롯(pilot) 프로젝트를 통해 단기적인 성공을 거두는 것이 중요하다. 단기적 성공을 통해서 다음과 같은 효과를 기대할 수 있다.
첫째, 성공 체험을 통해 자신감을 얻고, 변화에 대한 열정과 추진력을 높인다.
둘째, 변화에 반대하거나 회의적인 사람들을 지원 세력으로 바꿀 수 있다.

셋째, 중장기 비전과 전략을 보다 현실성 있게 수정·보완할 수 있다.
넷째, 최고경영자 및 주요 이해관계자들의 신뢰를 구축할 수 있다.
파일롯 프로젝트는 기대효과가 크고 실행이 비교적 쉬운 과제를 선정하여 추진한다. 가시적인 성과를 보이기 위해 프로젝트를 조급하게 추진하거나 결과를 조작해서는 안 되며, 누구나 공감할 수 있는 객관적인 결과와 공정한 절차가 중요하다.[8]

어떤 면에서 보면 변화경영은 조직에 진동을 주는 일이다. 이런 진동은 고정관념이나 선입견을 갖지 않은 사람들에게 더 큰 효과를 발휘할 수 있다. 그러므로 성공 사례가 누구에게 집중적으로 등장할지 예상하는 것은 결코 어렵지 않다. 두터운 외피로 의식의 저변을 둘러싸지 않은 사람들이 변화의 전도사로 나서도록 만들어라.

04_
적절한 방법론을 선택하고 실천하라

현장에서 변화경영의 구체적인 성과를 내기 위해, 처음에는 이제까지 이용해왔던 일반적인 개선 활동이나 혁신 활동 방식을 사용하게 된다. 대개 팀이나 부서 등과 같이 단위 조직에서 이루어지는 개선과 혁신 활동의 방법론은 목표 수립단계, 객관적 분석단계, 아이디어 개발단계, 검토 및 결정단계, 실행단계로 나눌 수 있다.[9]

  조직 차원에서 핵심적인 과제를 선택하면 거기에 구성원들의 아이디어와 경험을 동원해 최적의 성과를 도출하기 위한 노력들이 더해진다. 이런 과정에서 추진하는 사람들의 경험이나 지식, 정보 등이 동원되며, 특히 경쟁사나 동종 혹은 타 업종에서 성공한 사례들이 벤치마킹된다. 이런 면에서 변화경영은 일련의 학습 과정이라 할 수 있다. 구성원들이 전에는 그냥 넘어가던 문제들을 하나하나 해결해가는 과정을 통해 관련 지식을 축적하고 워크숍이나 비공식적인 토론

등에서도 활발하게 활동한다. 개인이나 조직 내부에 문제 해결 능력이 강화되고 동시에 성과가 가시적으로 드러난다.

그런데 시간이 흘러가면서 이런 방법만으로는 근원적인 문제 해결이 불가능할 뿐만 아니라 변화경영의 효율성을 높이기 어렵다고 판단하게 된다. 체계적이고 종합적인 방법론을 사용하지 않으면 지속적이고 효과적인 변화경영이 불가능하다는 점이 확실해진다. 다시 말해서 변화경영 역시 시스템적 접근이 필요하다는 결론에 도달하는 것이다.

예를 들어 메리어트 호텔에서 실시되는 객실 청소 과정을 보자. 전 세계 모든 메리어트 호텔은 고객이 퇴실한 후 30분 이내에 모두 66단계에 걸친 체크리스트를 활용해 청소를 마무리한다. 이런 시스템의 도움이 없다면 각각의 지점들은 서로 다른 방식을 사용할 것이고 결과적으로 일의 효율은 크게 떨어질 것이다. 오늘의 메리어트 호텔을 가능하게 한 J. W. 메리어트 주니어는 "시스템을 확실하게 해둔다면, 그것을 기초로 그 외의 다른 사업들을 그만큼 수월하게 해낼 수 있다"라고 말하면서, 기업 경영에서의 제대로 된 시스템 정립의 중요성을 이렇게 강조하고 있다.

기본적으로 시스템은 사람을 위주로 하는 기업에 있어서 자연적으로 발생하는 혼돈에 질서를 부여한다. 기본적인 규칙이 없다면 100명에게 똑같은 과업을 주었을 경우, 100가지는 아니더라도 최소한 12개 이상의 각기 다른 결과를 낳게 된다. 같은 실험을 수천 명에게 해보면 더 큰 혼돈만이 생겨날 뿐이다. 따라서 효율적인 시스템과 명확한 규칙만이 일관성

있는 제품과 서비스를 생산할 수 있게 해줄 것이다.[10]

메리어트 주니어의 말 가운데 마지막 대목이 핵심을 지적하고 있다. 변화경영 역시 특별한 것은 아니다. 조직 전체가 분위기나 상황에 의존하지 않고 구성원들이 일관성 있게 개선과 혁신을 만드는 것이다. 다시 말해 구성원들이 만드는 상품은 개선과 혁신이 될 것이다. 결국, 변화경영을 가장 효과적으로 달성할 수 있는 방법론을 찾을 수밖에 없다. 그동안 수많은 기업들이 시행착오를 통해 효과적으로 개선과 혁신을 만들어왔다. 변화경영이 조직에 제대로 정착되기 위해 효과적인 방법론을 도입해야 하는 이유가 여기에 있다.

처음에 변화경영이 주로 개인의 역량에 크게 의존하였다면 시간이 지나면서 이를 체계화한 방법론에 대한 의존도가 높아진다. 핵심은 조직이 당면한 문제 해결에 큰 도움을 줄 수 있는 과학적인 방법론의 도입이다. 이런 방법론들은 이미 같은 업종이나 다른 업종에서 충분히 검증된 것들이 대부분이다. 그렇기 때문에 새로운 것을 시도하는 데 따르는 위험을 줄이고, 국내외의 동종 혹은 다른 업종의 성공 사례들만으로도 변화경영에 참여하는 구성원들을 설득할 수 있는 명분을 찾아낼 수 있다.

이미 업계에 광범위하게 확산되고 있는 6시그마 운동 역시 변화경영의 중요한 방법론 가운데 하나이다. 또한 TQM이나 PI, ERP, BPR 등의 방법론들은 이미 충분한 시행착오를 거쳐서 현장에서 검증되었기 때문에, 변화경영의 지속적인 추진을 소망하는 사람들에게 조직의 특징이나 상황, 추진하는 변화경영의 특성에 맞추어서 방법론을 선택할 수 있도록 도와준다.

LS전선이 변화경영을 실시하면서 방법론을 채택하는 과정은, 최고경영자들이 조직의 문제들 중 본질적인 부분에 초점을 맞춘 방법론을 선택할 수 있다는 점을 시사해준다. 자기 조직에 가장 합당한 체계적인 방법론을 도입할 때만이 지속적인 변화경영이 가능하다. 그런 방법론의 도입 없이는 분위기가 고조될 때 잠시 하다가 멈추고 마는 의례적인 경영혁신 운동의 하나로 변질되고 말 것이다.

최고경영자는 LS전선을 획기적으로 변화시킬 혁신의 도구로 프로세스 혁신(PI) 활동을 선택했다. 회사를 바꾸기 위해서는 가장 근간이 되는 기업 내부 프로세스와 경영 관리 체계부터 바꿔야 하기 때문이었다. (중략) 사실 LS전선이 겪는 수많은 문제들의 밑바탕에는 경영 관련 의사 결정을 할 때 필요한, 제대로 된 경영 정보가 없다는 현실이 놓여 있었다. 각 사업부문별로 모두 제각기 다른 정보 시스템을 사용하고 있었고 같은 부문이라도 업무별로 시스템이 달라 전사적으로 통합된 시스템이 존재하지 않았다. 또한 사용하고 있는 시스템의 데이터도 정확하지 않았고, 결국 사실에 기반한 데이터가 없다 보니 간단한 일을 처리하기도 힘들었다. 물론 이러한 문제를 해결하기 위해 과거에도 부문별로 갖은 노력을 다했지만 번번이 실패했다. 이유는 경영정보의 신뢰도와 가치 제고가 어느 부문의 변화로는 해결될 수 없다는 데 있었다. 영업, 생산, 구매, 물류를 비롯해서 원가, 회계, R&D 등 회사의 모든 기능과 조직은 독립적일 수 없고 서로 연결되어 돌아가기 때문이다.

결국 문제를 해결하기 위해서는 회사 차원에서 변화가 일어나야만 했다.

이에 따라 변화의 큰 방향을 PI로 규정하여 회사 차원에서 일의 절차, 방법, 기준과 제도, 사람에 이르기까지 경영을 구성하고 있는 모든 인프라를 새롭게 변화시켜야 한다는 결론을 내리고 PI 활동에 착수했다. 또한 그 결과를 토대로 ERP(전사적 자원관리) 시스템을 구축하기로 결정했다.[11]

체계적인 방법을 도입하는 것은 이를 통해서 문제 해결 방법론을 전수할 수 있다는 장점이 있다. 변화나 혁신은 개인이나 조직 차원에서 모두 시스템화할 수 있다. 그러니까 어떤 현상을 분석하거나 대안을 제시할 때 사안별이 아니라, 문제 해결을 위한 시스템을 도입하고 이를 반복해서 시행하면 궁극적으로 체계화된 사고방식이나 일 처리 방식을 갖출 수 있다. 결과적으로 문제 해결 방법을 조직화하는 것이라 할 수 있다. 이런 점에서 보면 변화경영에서 방법론의 선택은 조직 차원에서 매우 중요한 의사 결정 과정이라 할 수 있다.

한편 철도공단의 변화경영은 6시그마에 바탕을 두었는데, 이를 선택할 당시 최고경영자가 6시그마에 대해 갖고 있던 소신과 믿음은 변화경영의 방법론 선택에 있어서 또 하나의 가이드를 제공한다.

첫째, 6시그마는 상품과 서비스의 지속적인 품질 향상을 통한 총체적인 고객만족을 추구하며 기업의 경영성과를 창출할 수 있게 하는 경영전략이다.

둘째, 6시그마는 업무 프로세스 혁신의 가장 강력한 도구로써 직관보다는 '고객'과 '프로세스' 관점의 데이터에 의한 체계적인 분석과 과학적인 문제 해결 프로세스를 갖춘 최고의 방법론이다. 우리의 위치가 어디이며, 어디로 가야 하고, 그것을 얻기 위해 무엇을 해야 하는지 명확하게 말해준다.

셋째, 6시그마는 단순한 문제 해결 도구를 넘어선다. 6시그마는 기업 내 구성원의 사고방식과 일하는 방식을 전환하는 경영철학이다. 무조건 열심히 일하는 것보다는 '스마트하게' 일하는 철학이 바로 6시그마이다.

넷째, 6시그마는 인재 양성에 초점이 맞추어져 있다. 이들은 앞장서서 가치 공유와 구성원들에게 동기를 부여하고 변화를 주도하는 변화관리자로서 활동하며 궁극적으로 미래의 경영자로 양성된다.[12]

방법론의 실천을 통해서 얻을 수 있는 다른 한 가지 이점은 구성원들이 작은 성공을 개인적으로 체험할 수 있다는 점이다. 이런 경험들을 통해서 조직 전체가 성공 경험을 차근차근 축적해나갈 수 있다. 성공 경험은 개인 차원에서뿐만 아니라 조직 차원에서 일을 처리해나갈 수 있는, 혹은 새로운 일을 도전할 수 있는 자신감을 축적해준다는 점에서 매우 중요한 과정이다.

또 다른 한 가지 이점은 혁신 방법을 익힘으로써 스스로 이노베이터(혁신가)로 변신하는 사람을 양산할 수 있다는 점이다. 흔히 조직은 '혁신합시다'라는 구호를 사용한다. 어떻게 할 것인가를 직접 가르치지 않고 '알아서 혁신합시다'라는 것으로는 변화경영에 성공할 수 없다. '어떻게'를 가르치는 방법은 여러 가지가 있겠지만 이 가운데 빼놓을 수 없는 것이 바로 변화경영의 방법론을 배우고 이를 현장에서 실천하도록 유도하는 일이다.

방법론의 확산 과정에 있어서도 경영층의 적극적이고 자발적인 동참이 중요하다. 예를 들어 6시그마를 도입하는 경우라면 당연히 교육 과정에 최고경영자를 비롯한 경영층이 참가해야 한다. 그리고 스스로 그런 교육 결과를 자신의 업무 프로세스에 직접 적용할 수 있어야 한다. 그래야 방법론의 소중함을 절실히 깨우치고 전도사로서 활동할 수 있다.

앞에서도 여러 차례 강조했듯이 변화경영의 전 과정에 최고경영자뿐만 아니라 경영층이 열의를 갖고 참가하느냐가 변화경영의 성공 여부에 결정적인 영향을 끼친다. 이 점을 잊어서는 안 된다. 처음에는 강한 열의를 갖고 출발했다 하더라도 시간이 가면서 서서히 빛을 잃게 되는 경우도 있다. 특히 방법론은 지엽적이고 구체적인 것이기 때문에 굳이 내가 관여할 필요가 있을까라고 생각하는 사람도 있다. 그러나 구체적인 방법론을 알지 못하면 변화경영 과정에 깊숙이 관여할 수가 없다.

이따금 방법론을 도입할 때가 되면 자주 나오는 이야기가 있다. "그런 방법은 다른 업종에서는 가능할지 모르겠지만 우리에게 적용하기 어렵습니다" 등과 같은 주장이다. 그러나 경영이란 꼼꼼히 따져 보면 공통적인 부분이 아주 많다. 대부분은 투입 대비 산출의 관계로 풀어볼 수 있고, 산출 극대화를 위해 무엇을 어떻게 해야 할 것인가를 해결하는 방법론이 대개 변화경영의 핵심이다. 그러므로 구성원들이 우리 업계는 독특하니까, 혹은 우리 조직은 특별하니까 적용할 수 없다는 논리를 내세우지 않도록 유념해야 한다. 하늘 아래 새로운 것이 없듯이 성과를 창출하는 조직의 경영이란 거의 비슷하다고 봐야 한다.

성공 경험의 축적이란 문제와 관련해서 한 가지를 더 언급할 필요가 있다. 조직은 개인과 마찬가지로 작은 성공 경험을 축적해가면서 객관적으로 자신들이 예상하였던 것보다 훨씬 큰 성과를 창출하는 조직으로 탈바꿈하게 되는 경우가 많다. 이를 두고 필자는 '조직의 재발견'이란 용어를 사용하곤 한다. 개인과 마찬가지로 집단 역시 그 속에 집단적 메모리(기억)를 갖고 있다. 물론 먼 과거에 이룬 성공 경험이 훗날 성장을 제약하기도 한다. 하지만 변화경영으로 인한 최근 경험이 이런 부작용을 가져오지는 않는다.

우리도 더 나은 미래를 만들어갈 수 있으며, '아무런 한계가 없다'는 가능성을 구성원들에게 심어줄 수 있다는 점에서, 성공 경험의 축적은 대단히 중요하다. 하지만 무엇인가를 새롭게 배운다는 것은 만만치 않은 일이다. 학습에 익숙한 사람이라 할지라도 새로운 것을 배우고 익혀서 자신의 것으로 만드는 데 어려움을 겪는다. 그런 점에서 하나의 조직이 새로운 방법론을 학습하는 것은 그 자체만으로도 대단한 도전이라 할 수 있다.

한 가지 분명한 것은 학습 성과도 중요하지만 새로운 것을 배우기 위한 과정에 참여하는 것만으로도 조직은 흥미로운 경험을 쌓을 수 있다는 점이다. 학습은 사람을 변화시킨다. 사람이든 조직이든 배우는 과정에서 자신에 대해, 일에 대해, 조직에 대해, 미래에 대해 생각을 가다듬을 수 있다.

따라서 변화경영을 위한 방법론을 배우는 것은 성과를 창출하기 위한 실용적인 목적뿐만 아니라, 각성과 자각의 순간을 제공함으로써 더 많은 성과를 만들어낼 기반을 조성한다는 점에서 그 가치를 높게 평가할 수 있다. 변화경영을 추진하는 사람은 새로운 방법론의 도입과 학습 과정을 통해 한 단계 더 성장하는 자신과 동료의 모습을 목격하게 될 것이다. 또한 기존의 변화경영의 토대가 정말 취약하다는 사실을 깨우치고 이를 보강할 수 있을 것이다.

05_
성과에 대해 보상하라

변화경영을 지속적으로 추진할 수 있는 힘은 어디에서 오는 것일까? 단시간 내에 추진력을 더하는 데는 앞에서 언급한 다양한 방법들이 효과가 있을 것이다. 하지만 그런 조치들만으로는 충분하지 않다. 여기서도 우리는 '인센티브가 중요하다'는 고전적인 명제를 머릿속에 떠올릴 필요가 있다. 변화경영에 적극적으로 동참해서 결과를 내는 사람과 그렇지 않은 사람 사이의 성과를 측정하고 이에 맞는 대우를 해주어야 한다.

평소에 신상필벌의 원칙이 수립되어 있고 성과에 따른 보상의 차별화가 제대로 시행되는 조직일수록 변화경영에 성공할 가능성이 높다. 온정주의가 지배하고, 해도 그만 안 해도 그만인 조직의 경우에는 변화경영이 구호에 머물 가능성이 높다. 그러므로 성과에 대한 엄격한 측정과 보상의 차별화를 시스템으로 정립하는 일은 무엇보다도 중요하다.

성과 보상 시스템이 제대로 작동하는 조직은 변화경영을 실시해야 하는 경우 어렵지 않게 실행에 옮길 수 있다. 변화경영의 주요 성과 지표만 명확하게 주어지면 구성원들의 자발적인 협조를 쉽게 끌어낼 수 있기 때문이다. 그러나 그렇지 못한 조직은 주요 성과 지표가 제시된다 하더라도 구성원들은 왜 그렇게 특별한 노력을 더해야 하는가라는 의문을 갖게 된다.

경영과 몰입의 관계에 대한 저서를 집필한 바 있는 심리학자 미하이 칙센트미하이는 근로자들이 특정 업무에 몰입하는 것을 방해하는 중요한 요인으로 명확한 목표의 부재와 적절한 피드백을 들고 있다.[13] 변화경영 역시 몰입 상태를 필요로 하는 활동임을 고려하면 성과 보상 시스템의 정립은 필수적이다. 그렇기 때문에 변화경영에서 다루어야 할 매우 중요한 공정 혁신 혹은 시스템 혁신 사안 가운데 하나가 바로 성과 보상 시스템의 도입이다. 요즘은 어느 정도 규모가 있는 기업들은 ERP 등과 같은 방법을 활발하게 도입하여 조직 경영의 구석구석에서 성과를 측정한다. 성과를 측정할 수만 있다면 보상의 차별화는 절반은 준비된 것으로 보아도 무방하다. 많은 경우 측정이 불가능하기 때문에 그만큼 보상의 차별화가 어려운 점이 많다.

일정 기간 동안 이루어지는 성과물을 측정해서 보상을 해주는 방법 이외에 임시적인 방법, 즉 '기대치 않은 보너스' 제도를 활용하는 것도 고려해볼 만하다. 변화경영 그 자체가 정해진 시간 동안 성과를 창출해야 하고 그 기간이 짧은 경우가 많기 때문에 단시간 내에 기념할 만한 성과, 이를테면 성공 사례의 발굴 등에 대해서는 구성원 개인이나 팀 등이 예상치 못한 포상을 함으로써 변화경영의 추진 속도를 가속화할 수 있다. 정형화된 보상 시스템과 예외적인 보상 시스템을 동시에 가동함으로써 기대하는 성과를 더욱 높일 수 있다.

오늘날 한국의 대표적인 기업들이 활용하고 있는 기본급, 이윤 배분 제도 등과 같은 방법은 상당 부분 정형화되어 있다. 따라서 제도를 도입할 수 있느냐 하는 문제는, 측정 가능한 시스템을 갖고 있느냐와 이를 실행할 만한 의지와 구성원들이 이를 받아들일 수 있는 마음 자세와 태도를 갖추었느냐에 달려 있다.

변화경영의 초기 출범 단계에서는 커뮤니케이션과 마인드 세트의 재정립 등과 같은 요인이 중요한 역할을 담당한다. 하지만 이런 움직임을 지속적으로 실시할 수 있느냐의 여부는 단순히 분위기를 고취하는 수준에서 가능한 일이 아니다. 행동과 결과에 대한 상벌을 명확히 하지 않는다면 변화경영을 기대하기란 쉽지 않다.

모든 사회운동들이 그렇듯이 분위기를 고취하는 것은, 어떤 운동을 점화하는 작업으로는 의미가 있을지 몰라도 이를 한 단계 뛰어넘어 운동의 지속성을 보장하는 데는 역부족인 경우가 많다. 따라서 변화경영을 추진해나가는 사람들은 어떻게 하면 행위에 대한 평가 결과를 개인이나 단위 조직에 적용할 수 있을지에 깊은 관심을 가져야 한다.

한편 '변화경영을 통한 결과가 확실하다' 라는 메시지를 구성원들에게 심어줄 수 없는 한 변화경영의 순항을 기대하기란 쉽지 않다. 이것은 조직 전체가 눈에 보이는 가시적인 성과를 만들 수 있어야 함을 의미한다. 가시적인 성과를 만들어내는 데도 보상 시스템이 중요한 역할을 담당한다.

성과 지표의 설정과 관련된 부분도 주시해야 한다. 변화경영이 지향하는 목적지와 성과 지표가 일치해야 하는데, 변화경영을 시도하는 기업에서 흔히 관찰되는 특징 가운데 하나가 행동과 말이 다르다는 것이다. 말로는 변화경영을 이야기하면서도 행동을 유도하는 성과 지표를 잘못 설정해서 구성원들의 행동을 잘못된 방향으로 이끌기도 한다.

그동안, 경영 성과가 밀어내기와 같은 잘못된 영업 관행 때문에 숫자상으로는 크게 성장한 것처럼 보이지만 실상은 안으로 조직이 병들어가는 경우가 많았다. 이는 외형은 성장하고 있지만 질적으로 후퇴하고 있는 경우다. 바깥으로 남고 안으로 손해를 보는 상황이 계속되는 경우, 즉 오랫동안 양적 성장에만 집착해온 조직은 내실 있는 성장을 위해 반드시 변화가 필요하다.

그 결과 조직은 변화경영을 시도하기로 결정하고, 변화경영의 목적지는 내실 있는 성장이라고 천명하지만, 실제 구성원들에 대한 가이드 역할을 하는 성과 지표는 예전과 마찬가지로 양적 지표를 중심으로 설정되어 있다면 기대하는 성과를 거둘 수 없다. 이때 중요한 것은 변화경영의 목적지를 충분히 고려한 성과 지표를 설정할 필요가 있다는 점이다. 개인에게 언행일치가 중요한 것처럼 변화경영 역시 성과 지표가 조직이 지향하는 바를 분명히 나타내야 한다. 그러나 기존 성과에 대한 압박감이 항상 작용하므로 일정 기간 동안 조정 과정이 불가피하다. 이런 문제점 때문에 주요 성과 지표를 조정하는 데 있어 많은 기업들이 일정 기간 어려움을 겪는다.

이때 변화경영은 그야말로 제대로 된 변화를 추진하기 위한 것이라는 사실을 반드시 기억해야 한다. 기존의 방법이나 관행을 답습한다면 굳이 변화경영이란 단어를 사용할 필요가 없다. 근본적인 변화를 꾀하기 위해 변화경영을 추진하는 것이고 이를 위해 반드시 행동에 대한 지침을 정확하게 설정해야 한다.

성과 보상 시스템과 관련된 한 가지 문제는 변화경영에 전혀 동참하지 않는 사람들이나 성과가 계속해서 현저하게 떨어지는 사람들을 어떻게 대할 것인가라는 점이다. 온정주의 색채가 강한 조직이나 사회에서는 사람을 내보내는 문제에 대해 부정적인 경우가 많다. 그러나 필자는 조직이란 같은 방향을 향해서 함께 나아갈 수 있거나 나아가는 데 동참하는 사람들의 결사체라고 생각한다. 그렇기 때문에 함께 갈 수 없는 사람들과의 이별은 불가피하다. 거듭된 동참 노력에도 불구하고 변화경영에 참여하기를 거부하는 사람이 조직에 머물러 있는 것은 그 사람의 장래에도 부정적인 영향을 미칠 뿐만 아니라 동료나 부하, 상사에게도 부정적인 영향을 끼친다. 따라서 함께 갈 수 없는 사람들의 경우에는 퇴로를 열어주는 것이 합리적이다. 물론 이들에 대한 충분한 배려와 관심이 필요하다. 하지만 변화경영의 성공을 위해서는 반드시 원칙에 따라 조직을 경영해야 한다. 그러므로 지나치게 온정주의적인 조직이 아닌가라는 점에 대해 깊이 고민해봐야 할 것이다.

4장

결실단계_
변화의 결과물을 거둬들여라

연약한 마음을 가진 사람은 늘 변화를 두려워한다.
그는 현상 유지를 통해 안정을 느끼며
새로운 것에 늘 큰 두려움을 가진다.
그에게 가장 큰 고통은 새로운 아이디어의 고통이다.

The soft-minded man always fears change. He feels security
in the status quo, and he has an almost morbid fear of the new.
For him, the greatest pain is the pain of a new idea.

- 마틴 루터 킹

01_
변화를 시스템화하라

모든 변화가 그렇듯이 변화경영 역시 일시적인 충격에서 시작되지만 결국 시스템으로 뒷받침되지 않으면 제대로 자리를 잡을 수 없다. 때문에 변화경영이 궁극적으로 조직을 지탱하는 튼튼한 시스템으로 자리 잡을 수 있는가라는 점이 커다란 숙제이다.

물론 영속적인 시스템은 없다. 시스템은 끊임없이 수정·보완되어야 하며, 상황 변화에 따라 계속해서 개선과 혁신 활동이 진행되어야 한다. 하나의 제안에 의해서 시작된 개선 활동은 이를 수용하는 다수의 사람들에 의해 적용 과정을 거친다. 이런 과정에서 나온 문제점들을 수정·보완하는 단계에서 기존의 것과 다른 공정, 제도, 기구, 방법들이 등장하는 것은 당연하다. 이들을 하나의 새로운 시스템으로 묶어서 정착시켜나가는 일은 대단히 중요한 일이다.

새로운 시스템은 진정한 의미에서 변화를 정착시켜나가는 과정에

속한다. 하지만 이렇게 만들어진 새로운 시스템조차 환경 변화에 따라서 구태의연하고 낡은 스타일이 되어버리는 경우가 자주 발생한다. 때문에 변화경영은 동태적인 개념으로 이해된다. 동태적인 개념은 항상 환경 변화에 따라 새로운 해답을 찾아가는 과정으로 이해할 필요가 있음을 뜻한다.

변화경영을 시작하는 S사를 가까운 곳에서 지켜볼 기회가 있었다. 그 기업은 업종 자체가 성장 사업이라 매년 두 자리 숫자를 웃도는 고속 성장이 지속되었지만 이익률이 점차 하락하는 현상이 발생했다. 원인을 찾던 최고경영자는 과거에 비해 불만이 예상 외로 증가한 사실을 찾아냈다. 하지만 구성원들은 고속 성장의 관행에 익숙한 채 '우리가 업계 최고다'라는 관성에 젖어 있었다. 물론 성적표로 보면 그렇게 우려할 필요가 없었다. 그러나 최고경영자는 이렇게 내버려두면 얼마 가지 않아 위기 상황이 발생하게 될 것임을 알아차리고 새해가 시작됨과 동시에 '변화경영' 원년을 선포하였다.

그가 주목하는 것은 초심으로 돌아가야 한다는 점이었다. 고객의 목소리에 귀를 기울이고, 더 나은 가치를 창조할 수 있는 공정을 만들기 위해 헌신하던 초창기 모습으로 모두 돌아가야 한다는 점을 역설하는 전도사가 되었다. 그리고 구성원들의 모든 역량을 총동원해서 고속 성장을 낳았던 시스템을 전면적으로 재검토하기 시작하였다.

구성원들 스스로가 변화경영을 주도해나가면서 깜짝 놀라게 된 사실은, 자신들도 모르는 사이에 가치 창조와 전혀 관련이 없는데도 관행상 자리 잡은 곳에 많은 자원이 배치되고 있다는 사실이었다. '가치 없는 활동 제로 상태로 만들기'라는 의욕적인 목표를 세우고 회사의 모든 공정을 하나하나 검토해나갔다. 수없이 많은 제안이 쏟아져 나왔고 이런 과정에서 어떤 부서는 일의 총량을 30% 이상 줄이는 데 성공하였다.

구성원들은 이런 경험들을 통해 '우리가 지나치게 자신을 과신해왔구나'라고 겸허하게 반성하게 되었다. 그들은 자신들의 결과물을 체계화하는 작업에 돌입했다. 그것은 모든 과정을 더욱더 환경 변화에 적합한 최적의 시스템으로 만들어서 분위기나 특별한 경영혁신 운동에 상관없이 누가 그 자리에 오더라도 지속적인 혁신을 수행할 수 있는 탄탄한 시스템을 만드는 작업이었다.

이런 과정을 통해 구성원들은 시스템 정착 작업이 없다면 혁신은 영속적인 추진력을 받기 어렵다는 사실과 이미 만들어진 시스템도 끊임없이 수정·보완해야 한다는 사실을 배웠다. 시스템 작업을 추진하되 결코 성역화하지 않도록 주의해야 한다는 점을 스스로 알게 되었다.

그들이 변화경영을 통해 깨우친 진실은, 한때 최적의 시스템도 시간의 흐름과 함께 문제가 나타날 수밖에 없기 때문에 시스템은 계속해서 진화되어야 한다는 점이었다. 이런 활동들이 가시화되면서 나타난 하나의 현상은 고객들의 반응이 변화하기 시작했다는 점이다. '역시 다르다'는 평이 곳곳에서 터져나오고 궁극적으로 고객만족, 가격, 품질, 상품 구색, 서비스 등 전 부문에서 고객의 이미지 조사결과가 향상되기 시작했다.

작은 조직은 눈으로 확인할 수 있기 때문에 최고경영자나 경영층의 의지가 반영되고 있는지를 금세 알 수 있다. 물론 이런 경우에도 지시나 통제, 호소 등으로는 충분하지 않지만 큰 조직에 비해서는 대면 접촉이 쉬운 편이므로 시스템의 중요성이 상대적으로 떨어질 수 있다. 하지만 조직의 규모가 큰 경우에는 조직의 구석구석에서 일어나고 있는 일들을 경영층이 일일이 확인할 수 없다. 따라서 이런 기업의 '경쟁력은 시스템에서 나온다'라고 단정 지을 수도 있다.

시스템은 행동과 사고에 규칙성을 부여하게 된다. 따라서 일상적인 업무에 대해서 고민하거나 낭비할 수 있는 지적·심리적 에너지의 양이 줄어든다. 이런 점에서 시스템을 만들어가는 작업은 시스템 그 자체가 낳는 조직의 경쟁력 향상 이외에, 다른 활동에서도 혁신활동을 가능하게 하는 에너지의 공급이란 차원에서 매우 중요한 의미를 지닌다.

변화경영은 조직 내의 작은 공정 하나하나에서 이루어지는 혁신을 시스템화하는 것이라고 할 수 있다. 연구나 생산현장의 낭비를 제고하는 일도 하나의 공정이 될 수 있으며, 화장실을 청결하게 하는 것도 하나의 공정이 될 수 있다. 또한 출입구를 담당하는 직원들의 응대 자세 역시 하나의 공정이 될 수 있다. 이렇게 정리하면 핵심 공정과 그렇지 않은 공정으로 나누어지겠지만 결국 변화경영의 본질은 각 공정 하나하나에 대한 변화를 일으키는 것이다. 또한 그 변화의 궁극적인 목적지는 각각의 공정이 제공할 수 있는 최고 수준의 가치를 고객에게 가장 저렴하게 제공하는 것이며, 이 모든 공정들은 변화경영의 대상이 될 수 있다.

변화경영은 거창한 구호가 아니다. 그것은 최고의 가치 창출을 위해서 조직의 구석구석을 최적의 상태로 바꾸어가는 것이다. 때문에 변화경영은 조직 구성원들이 개선과 혁신을 통해서 얻은 결과물을 시스템으로 만들어가는 일련의 과정을 필요로 한다. 작은 부분에서도 최상의 결과를 얻어내는 시스템을 만들어낼 수 없다면 전체 결과 역시 그다지 기대할 바가 없을 것이다.

새로운 시스템을 만들기 위한 변화경영이 궁극적으로 개인의 문제가 될 수밖에 없는 이유가 바로 여기에 있다. 그러나 의외로 많은 기업들이 선언적인 의미의 변화경영에 그치는 경우가 많다. 변화경영은 철두철미하게 개인적인 문제이자 과제가 되어야 한다.

거듭 강조하지만, 어떤 시스템이든 난공불락의 철옹성일 수는 없다. 시스템은 계속적인 재검토를 통해서 변화에 변화를 거듭해나가야 한다. 그러므로 변화경영을 환경 변화에 발맞추어 최적의 시스템을 만들어가는 끊임없는 과정으로 받아들여야 한다.

02_
끊임없이 재단장하라

 변화는 이례적인 것이며 결코 자연스러운 상태가 아니다. 다시 말하면 변화경영에 있어 정상적인 상태는 변화를 시도하지 않는 상태다. 정상 상태가 변화를 시도하지 않는 상태라는 의미는 무엇일까? 그것은 변화한 상태가 언제든지 변화 이전의 상태로 쉽게 되돌아갈 수 있음을 뜻한다. 주어진 상황에 만족한 채 특별한 노력을 더하지 않는 상황으로 되돌아가려는 경향은 일반적인 현상이다. 변화경영을 통해서 결과를 만들기는 힘들고 어렵지만, 그 결과를 잃어버리는 것은 매우 쉬운 일이다.
 조금만 방심해도 이전의 상태로 금방 되돌아가버리는 것이 변화경영의 속성이다. 강력한 복원력을 항상 염두에 두는 사람이라면 늘 이런 점을 기억해야 한다. 정상 상태, 즉 디폴트(default) 상태를 '변화하지 않고 머무는 상태'로 본다면, 변화하는 것이야말로 특별하고 이례적인 노력이 더해지는 과정이다.

항상 조직에 적절한 긴장감이 흐르게 하고 구성원들로 하여금 새로운 상황에 대한 인식과 문제 발굴을 독려해야 한다. 이것은 변화경영이 일정한 간격으로 새롭게 단장되어야 함을 뜻한다. 변화경영은 한시적인 기간 동안 이루어지고, 이를 통해 어떤 성과를 거둔 다음에도 구성원들은 그다음 단계를 위해 무엇을 어떻게 해야 할 것인가를 염두에 두어야 한다.

이런 점에서 볼 때 삼성그룹의 변신은 매우 흥미로운 사례다. 이건희 회장은 1987년 11월 19일 삼성의 사령탑으로 취임하였다. 2006년 삼성그룹의 총매출 규모는 141조 원으로 20년 전인 1987년의 13조 5,000억 원에 비해서 10배 정도, 수익(세전이익)은 1987년의 1,900억 원에서 2006년에는 14조 2,000억 원으로 약 75배로, 1987년의 1조 원대에 불과하였던 그룹 계열사들의 주식 시가 총액은 140배가량 늘어났다. 기업 세계에서 영원한 승자는 없다. 그런데도 20여 년 동안 계속된 삼성그룹의 변신은 변화경영이란 측면에서 흥미로운 관점을 제공하고 있다.

그것은 끊임없는 재단장이다. 특히 조직이 과거의 성취에 안주하지 않도록 최고경영자가 어떻게 조직에 진동을 제공할 수 있는가라는 점에서 의미 있는 교훈을 던져준다. 이건희 회장이 주는 조직에 대한 진동은 1993년의 신경영, 1995년 준비경영, 1998년 비상경영, 2000년 글로벌경영, 2006년 창조경영과 같이 거의 2년마다 초점을 달리하면서 실시되어왔다.

변화경영이 몇 년을 주기로 재단장되어야 하는지에 대한 뚜렷한

이건희 회장의 20년 삼성 경영 성적표

	1987년		2006년(추정치)
매출	13.5조 원	10.4배	141조 원
세전이익	1900억 원	74.7배	14.2조 원
수출	65.9억 달러	10.8배	700억 달러
시가 총액	1조 원	140배	140조 원
임직원 수	16만 명	1.6배	25만 명
계열사 수	36사	1.6배	59사

출처 조일훈 외, "이건희의 삼성 20년", 〈한국경제〉, 2007. 1. 16.

이건희 회장의 경영전략 변천사

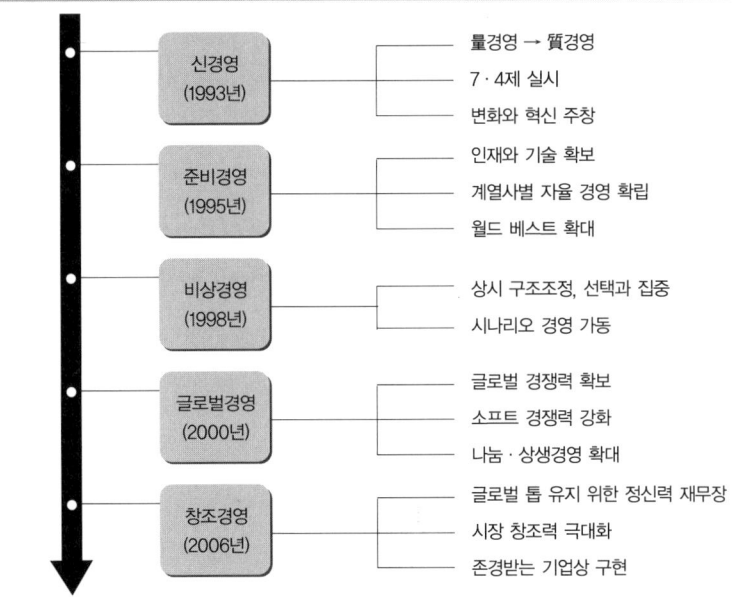

출처 조일훈 외, "이건희의 삼성 20년", 〈한국경제〉, 2007. 1. 16.

정답은 없지만, 1년은 짧고 2~3년마다 재단장하는 것이 바람직하다. 2~3년이면 충분히 가시적인 성과를 거둬들일 수 있는 시간일 뿐만 아니라 변화에 대한 피로감이 조직 내에 생길 수 있는 시간이기 때문이다.

아무리 새로운 것이라 하더라도 세월이 흐르면 일상적인 것으로 바뀌게 된다. 따라서 변화경영 역시 재단장을 통해서 새로움을 더하는 일에 있어 예외일 수 없다. 새로운 것은 항상 신선함을 가져다준다. 그러나 재단장은 전면적인 수정이 아니라 버전을 바꾸는 방향이어야 한다. 변화경영이 추구하는 방향이나 본질은 크게 변함이 없기 때문이다.

재단장인 만큼 외부 기관의 도움은 최소한에 그치고 변화경영을 추진하는 내부 역량을 축적해나가는 것이 중요하다. 내부에서 꾸준하게 변화경영을 지켜보는 사람들이 있다면 변화경영의 재단장을 위한 대안을 제시하기는 어렵지 않을 것이다.

변화경영의 재단장은 분위기를 새롭게 해준다는 장점이 있다. 게다가 이것은 2~3년 사이의 환경 변화를 적극적으로 반영하여 변화경영의 방향을 수정하는 것을 뜻하기도 한다. 앞으로도 사업 환경은 더욱더 빠른 속도로 변화하게 될 것이다. 따라서 변화경영은 일정한 간격을 두고 재단장되어야 한다.

재단장이 일관성을 잃지 않고 변화에 대한 피로 증세도 누적시키지 않도록 하기 위해서는 별도의 조치를 취해야 한다. 식상하지 않도록 하는 것은 변화경영에서도 매우 중요한 의미를 지니고 있다. 식상함은 곧바로 피로를 의미하기 때문이다. 새로움은 항상 사람들에게 자극을 준다. 그리고 그 새로움이 상황의 변화 또는 미래의 직관이나 통찰력을 반영한다면 사람들은 관심을 가지게 마련이다. 변화경영 역시 구성원들이 관심을 기울일 만한 소재나 정보, 가치를 가져야 구성원들을 설득할 수 있다. 그러므로 변화경영에 대해 상징성을 더하고 추상적인 개념을 이야기 형식으로 풀어쓸 수 있고, 타인을 설득하고 공감대를 형성할 수 있을 정도의 콘텐츠를 포함하느냐의 여부는 변화경영을 추진해가는 최고책임자의 자질과 역량에 달려 있다. 다른 사람의 머리를 빌릴 수는 있지만 최고책임자 자신만의 콘텐츠 창출 능력이 무엇보다 중요하다는 얘기다.

03_
짧고 굵게 축하하라

변화경영은 맺고 끊음을 요구한다. 정해진 시간 내에 이룬 것과 그렇지 못한 것에 대한 엄격한 자체 평가를 요구한다. 계획한 것은 무엇인지, 이 가운데 어떤 것들을 이루었는지, 이루지 못한 것은 무엇인지, 성공하게 된 결정적인 요인과 실패하게 된 결정적인 요인은 무엇인지, 지속적인 성과를 내기 위해 앞으로 무엇을 어떻게 해야 할지 등과 같은 과제들은 일정한 시간 간격을 두고 적절한 평가가 이루어져야 한다. 그리고 이에 대한 축하가 있어야 한다.

시간 간격을 두고 평가와 축하가 이루어지면 구성원들은 더욱 분발하게 된다. 축하하는 일에 인색할 필요는 없다. 그러므로 변화경영의 결과 큰 성과를 창출한 개인이나 팀, 사업부에 대해 이에 맞는 보상과 포상을 실시하거나 승진 인사를 단행하는 일은 무척 의미가 크다.

사람들은 절대적인 보상뿐만 아니라 상대적인 보상에 대해서도 민감하게 반응하게 마련이다. 그러므로 정기적인 평가를 거쳐서 인사와 보상을 실시하는 일은 매우 중요하다. 왜냐하면 이것은 이후의 변화경영에 대해 일정한 방향을 제시하고, 구성원들의 행동에 대해 평가를 내리는 일이기 때문이다.

하지만 객관성을 상실한 보상이나 승진만큼 위험한 일도 없다는 사실을 명심해야 한다. 상을 받아야 할 사람은 무시되고 벌을 받아야 할 사람이 득을 본다면 사람들 사이에서는 당연히 평가나 노력 자체에 대한 냉소적인 분위기가 퍼져나갈 것이다.

사람들의 모임에는 항상 정치가 존재하게 마련이다. 줄 세우기를 피하려는 사람들의 노력에도 불구하고 친한 사람들에게 좀 더 나은 대우를 제공하거나 승진을 향한 출구를 만들어주는 편애주의를 근본적으로 없앨 수는 없다. 이런 것을 방지하기 위해서는 엄정한 공정성을 유지해야 한다. 변화경영을 추진하는 일이 중요한 것처럼, 구성원들에게 보상과 승진으로 변화경영의 결과를 평가하고 축하하는 일도 중요하다는 사실을 잊지 말아야 한다. 따라서 변화경영 기간 동안의 성과를 평가하고, 이에 대한 결과를 발표하고, 모든 구성원들이 이를 적극적으로 축하하는 모임을 하나의 축제로 발전시킬 필요가 있다. 이런 기회를 통해서 조직은 다시 한번 자기 자신을 추스르고, 또 다른 성공을 위해서 마음가짐과 태도를 새롭게 할 수 있기 때문이다. 때로는 변화경영 실시 이전과 이후의 성과를 시각적으로 극명하게 대비하는 방법을 사용함으로써 극적인 효과를 기대할 수도 있다.

축하는 반드시 필요하다. 하지만 과거의 성취에 대한 지나친 축하가 되어서는 안 된다. 따라서 축하는 정기적으로, 이를테면 1년이나 6개월 정도의 간격으로 짧고 굵게 행해져야 한다.

변화경영을 추진하는 조직이 주의해야 할 부분 가운데 하나는 과거의 성취에 대해 지나치게 의미를 부여하는 것이다. 기본적으로 기업에서 좋은 성과란 과거의 투자와 노력에 대한 대가이다. 마치 흘러가는 강물처럼 이미 그런 성과를 낳게 된 과거의 환경은 흘러가버린다. 따라서 축하는 하지만 그것이 과거를 대상으로 얻게 된 전리품일 뿐이라는 점을 명확히 해야 한다.

기업 경영이란 현재와 미래를 대상으로 하는 것이다. 새로운 환경은 모든 것을 바꾸어놓게 마련이다. 이런 변화 속에서 새로운 기회를 창출하는 것은 과거의 성취와는 완전히 다른 차원의 도전이다. 그렇기 때문에 축하는 해야 하지만 과거의 성취가 현재와 미래에 대해서 보장해줄 수 있는 것은 아무것도 없음을 명심해야 한다.

무엇이든 연속적인 것으로 받아들이면 다음에 하면 된다고 방심할 수 있다. 따라서 경영자는 시간을 나누어서 조직 경영에 빠른 템포와 긴장감을 불러일으켜야 한다. 시간을 나누어 조직 경영의 완급을 조절하면서 긴장감을 불어넣는다는 점에서 짧고 굵게 행하는 변화경영에 대한 정례화된 축하는 도움이 된다.

대규모 행사가 아니더라도 사업부 단위로 변화경영 사례 연구나 성과자들에 대한 소규모 포상이나 격려, 칭찬 모임은 얼마든지 가능한 일이다. 반나절 정도의 시간을 투자하면 충분하다. 함께 모여서 성공 사례를 경청하고 직접 단위 조직 리더에게 기대하지 않은 포상을 주는 모임을 가질 수도 있다. 이를 통해서 그런 대열에 끼지 못한 사람들은 스스로를 되돌아보고 분발해야겠다는 결의와 자극을 받을 수도 있다. 조직 전체 차원의 모임은 6개월에서 1년에 한 번 정도, 그리고 더 작은 사업부 단위의 수준까지 내려오면 분기별 혹은 반기별 모임도 가능하다.

팀과 같이 더 작은 단위까지 내려오면 훨씬 자유롭게 변화경영을 축하하는 이벤트가 가능해진다. 격의 없이 할 수 있는 이벤트라면 기간을 한 달 정도로 줄일 수 있다. 이런 경우는 변화경영을 주도하는 단위 조직의 장이나 중간 간부가 주도하는 모임의 성격을 지닐 수도 있다.

이때의 핵심 포인트는 큰 조직이든 작은 조직이든 사람을 움직일 수 있어야 하는데, 사람은 칭찬이나 격려를 필요로 한다는 점이다. 그러므로 개인적인 칭찬이나 격려보다는 함께 일하는 동료나 상사와 후배들 앞에서 성취해낸 부분에 대한 공식적인 포상을 하는 것이 더욱 효과적이다. 이런 의식과 의례는 성과물을 만들어낸 사람들을 대상으로 하지만 그런 대열에 속하기를 열망하는 사람들로 대상을 확대해나가자는 의도가 깊게 배어 있음을 잊지 말아야 한다. 또한 축하 모임을 학습하는 계기나 장소로도 사용할 수 있다.

사람들은 항상 비교하는 습성과 함께 질투와 시기심을 갖고 있다. 게다가 인정받고 싶어 하는 욕심도 있다. 이런 것들은 양면의 칼과 같아서 건설적인 의미와 파괴적인 의미를 모두 지니고 있다. 축하 모임을 적극적으로 전개하자는 것은 축하를 건설적인 의미로 활용할 필요가 있기 때문이다. 공개적인 축하는 사람들에게 건설적인 방향으로 자신의 에너지를 분출하기 위한 출구를 제공하는 효과가 있다.

상벌에 대한 평가 기준과 상을 받은 사람들의 모델이 명확하면, 함께 일하는 사람들이 추구해야 할 뚜렷한 방향을 제시할 수 있다. 팡파르를 울리는 모임은 항상 무엇을 지향해야 할 것인가에 대한 자극과 방향을 구성원들에게 제공한다는 점에서 중요한 의미를 지니고 있기 때문이다.

그들로 하여금 자신이 무엇을 해야 할지 명확하게 알게 하라! 그리고 이미 그런 기준을 만족시킨 사람들을 마음껏 축하하라! 누구나 이렇게 하면 이런 대우를 받을 수 있음을 알도록 하라!

04_
개인의 역량을 강화하라

변화를 지속적으로 주도해나갈 수 있는 사람을 육성하는 일은 변화경영의 성공에 매우 중요한 부분을 차지한다. 날로 치열해지는 경쟁 환경 속에서 대다수 구성원들은 단기적인 성과를 끌어올려야 하는 부담에 노출되어 있으므로 중장기적으로 개인 역량을 강화하는 부분을 소홀히 다루기 쉽다. 비슷한 상황을 조직에도 적용할 수 있다. 중장기적인 역량 강화는 잊어버리고 단기적인 성과에 매몰될 수 있기 때문이다.

지속적인 교육 투자는 변화경영의 성공을 위해 대단히 중요한 부분이다. 우선은 개인 차원에서 배우고 익히고 적용하는 것을 삶의 한 부분으로 자리 잡도록 해야 한다. 변화경영에 본격적으로 관여해본 사람이라면 학습에 대한 투자가 왜 필요한지, 그리고 이런 학습을 통해서 어떤 소득을 얻을 수 있는지 체험해보았을 것이다. 학습하지 않으면 그만큼 변화경영을 위한 에너지나 아이디어도 바닥을 드러낼 수밖에 없다는 사실을 깨달을 때 스스로 학습을 주도해나가는 자기주도형 학습이 가능해진다.

본인의 의지와 열의도 중요하지만 무엇보다 조직이 지속적인 교육 투자에 보다 적극적인 자세를 가져야 한다. 변화경영은 새로운 정보에 대한 꾸준한 노출과 자극을 필요로 한다. 이것은 새로운 정보가 지속적으로 공급되어야 가능하다.

조직이 할 수 있는 방법은 전사적인 차원에서 교육 기회를 제공하는 것이다. 전체가 함께 읽고 토론하는 것뿐만 아니라 함께 듣는 것도 도움이 된다. 뿐만 아니라 능력 있는 개인을 상대로 주어지는 특별한 교육 기회도 고려해야 한다. 예를 들어 변화경영에서 획기적인 성과를 거둔 사람들을 대상으로 차별화된 교육 기회를 제공하는 것이다. 물론 획기적인 성과를 거둔 사람들은 조직에 대한 기여도가 매우 높기 때문에 교육을 위한 별도의 시간을 내기가 쉽지 않다. 하지만 재충전을 통해서 지속적으로 가치를 만들어낼 수 있어야 변화경영의 성과를 크게 높일 수 있다.

변화경영에 필요한 교육은 3가지 부문으로 나눌 수 있다.

첫째, 변화에 대한 이해도를 높이는 것이다. 이는 어떤 변화가 일어나고 있으며 이런 변화가 앞으로는 어떻게 진행될 것인가에 대한 교육을 말한다. 구성원들의 변화에 대한 인식 능력을 강화하고 변화경영의 미래에 대해 지속적인 자극을 제공할 수 있다는 장점이 있다. 체계적으로 미래의 변화를 다루는 책을 읽을 수도 있고, 이를 바탕으로 이야기를 만들어낼 수도 있고, 전문가를 초빙해서 이야기를 들을 수도 있다. 미래에 대한 관심을 증가시키는 것은 현재의 변화경영에 가속도를 붙이는 데 유용한 방법이다.

둘째, 변화경영과 관련된 직·간접 사례를 집중적으로 다루는 것이다. 사람들에게 직관과 통찰력을 제공할 수 있는 한 가지 방법은 역사적인 사례로부터 배움을 청하는 일이다. 여기서 역사적인 사례는 동종 업계와 다른 업종에서 변화경영을 주도하였던 기업들의 이야기이다. 같은 사례를 보더라도 해석은 제각각 다를 수 있다. 이런 사례를 평면적으로 바라볼 것이 아니라, 성공 요인과 실패 요인은 무엇인지 집중적으로 부각시킴으로써 참가자들로 하여금 스스로의 문제에 대해서 생각해볼 수 있는 기회를 제공할 수 있다. 이 방법이 가진 장점 가운데 하나는 자신들이 추구하는 변화경영이 새로운 것이 아님을 스스로 깨우치게 된다는 점이다.

자신이 몸담고 있는 조직에서 이미 이루어진 변화경영의 성공 사례와 실패 사례를 벤치마킹할 수도 있다. 이런 사례는 손쉽게 구할 수 있으며, 자기 조직에 대한 사례 연구는 다른 사람들을 가르치는 데도 유용하게 이용할 수 있다. 또한 주변의 최근 사례를 통해 다른 분야에 적용 가능한지를 검토하는 일은 매우 유용하다.

셋째, 방법론을 익히는 데 투자하는 것이다. 어떤 방법론을 사용한 기업들이 성공을 거두게 되었는지, 이 방법을 도입할 가능성이 얼마나 되는지 등을 꼼꼼히 챙겨보는 것이다. 다양한 방법론에 대한 학습은 자신의 문제에 대해서 검토하고 자기 식의 방법을 스스로 고안하도록 유도하는 데 큰 역할을 한다.

개인의 역량을 강화하지 않고서는 지속적인 변화경영을 진행하기가 힘들다. 그럼에도 불구하고 조직은 단기적인 성과에 관심을 가져야 하는 입장이므로 교육에 대한 투자는 항상 뒷전이다. 투자가 없는 상태에서 더 좋은 성과 창출에만 관심을 가질 경우 기대하는 만큼의 결실을 거두기는 힘들다. 지속적인 교육 투자를 병행하지 않는 한 변화경영이 계속해서 더 나은 결과를 낳기는 힘들다. 변화경영을 주도해나가는 사람들은 처음 추진단계에서 어느 정도 과시적인 성과가 나오기 시작하면 곧바로 개인의 역량 강화에 대한 프로젝트를 본격적으로 가동해야 한다.

고속 성장의 시대임에도 상대적으로 성과가 미흡했던 한 기업에서 강의를 할 기회가 있었다. 오랫동안 그 업계에서 활동해왔던 오너는 뒤늦게 각 계열사별로 교육을 맡겨놓은 일이 효과가 없음을 깨우치게 되었다고 필자에게 털어놓았다. 계열사 사장들은 항상 단기적인 성과 자체에 관심을 가질 수밖에 없기 때문에 중장기적인 시각을 갖는 것은 지극히 어려운 일이었던 것이다. 늦게나마 계열사를 움직이는 임원진부터 시작해 변화경영 성공을 위한 교육 프로그램을 실시하게 되었다고 조심스럽게 말했다.

조직은 눈앞의 숫자에 관심을 갖지 않을 수 없다. 그렇기 때문에 변화경영을 추진하는 사람들은 단기와 중장기 사이의 적절한 균형감각을 잃지 말아야 하며, 이를 나타내는 바로미터는 교육 투자와 관련된 부분이다. 이 부분에 대해서는 조직의 자원 배분을 실질적으로 책임을 지고 있는 사람들이 확고한 믿음을 갖고 있지 않으면 합당한 결론을 이끌어내기 어렵다. 교육 투자처럼 초기에 과시적인 성과물이 드러나지 않는 경우에는 언제 어떻게 얼마를 배분할 것인가가 항상 논쟁의 중심이 된다.

변화경영을 일정한 시기 동안의 유행이 아니라 계속해서 버전업시키고, 새로운 도전 과제를 해결하면서 조직을 일류 기업으로 바꾸어 놓을 수 있는 힘은 사람에 대한 투자에서 나온다는 사실을 잊지 말아야 한다.

문제는 사람에 대한 투자는 당장 표가 나지 않기 때문에 항상 우선순위에서 밀릴 수밖에 없다는 점이다. 따라서 교육 투자를 할 때는 가급적 교육 성과를 계량화하고, 교육을 받는 사람들 스스로가 분명한 비용 개념을 가져야 한다. 성과의 측정에 열심인 기업들조차도 교육 투자만은 예외 부분으로 간주해버리는 일이 흔한데, 이는 교육 투자의 효율성을 낮추고 교육자를 분발하지 않게 만드는 중요한 요인이 된다는 사실을 기억하자.

05_
결코 안심하지 마라

긴장과 이완 사이에 균형을 유지해나가는 일 역시 변화경영의 중요한 측면 가운데 하나다. 긴장은 변화경영의 시작과 함께 오고 이완은 변화경영의 종결과 함께 온다. 따라서 시작과 끝을 어떻게 이끌어가느냐가 변화경영의 지속적인 성공에 중요한 역할을 담당한다.

앞에서 필자는 변화경영 역시 중장기적인 목표를 갖고 있다 하더라도 2~3년마다 맺고 끊는 일을 분명히 할 필요가 있음을 언급하였다. 다시 한번 강조하면 2~3년마다 총정리하는 일종의 의례나 의식을 변화경영에 도입해야 한다.

신상품의 경우를 생각해보면 보다 이해가 쉬울 것이다. 아무리 품질이 뛰어난 상품이라 하더라도 리뉴얼 작업이 필요하다. 공급자 입장에서는 아주 좋은 상품이라 하더라도 소비자는 식상한 것으로 받아들일 수 있기 때문이다. 상품이나 서비스는 팔리지 않으면 소용없는 것처럼, 변화경영 역시 이를 받아들이고 추진해가는 사람들의 마음을 움직일 수 없다면 아무 소용없는 일이다.

그러나 이미 식상한 마음은 움직일 수 없다. 그렇기 때문에 변화경영의 핵심은 일정 기간이 지난 다음에는 외관을 전면적으로 리뉴얼 해야 한다는 것이다. 새로움을 더하는 작업은 완전히 새롭게 시작하는 것보다는 편하지만 결코 쉬운 일은 아니다. 왜냐하면 기존의 방법에 익숙해 있는 사람들은 웬만큼 신선하거나 새롭지 않고선 마음으로 받아들이기가 쉽지 않기 때문이다.

이런 점에서 변화경영은 또 다른 차원을 맞게 된다. 변화경영을 주도하는 사람들에게 '안심은 금물이다.' 변화경영이 매우 효과적으로 이루어져왔다 할지라도 너무나 쉽게 과거로 돌아가버릴 수 있다. 그래서 시작도 중요하지만 이를 일정한 속도로 유지하면서 계속 앞을 향해 나아가도록 만드는 일이 중요한 것이다. 말로만 안심하지 말자고 외쳐서는 공염불이 될 수 있다는 점을 강조하고 싶다. 이럴 때면 항상 '형식이 내용을 결정하게 된다' 는 명 구절을 기억하자.

현재 추진하고 있는 변화경영의 뼈대를 유지하더라도 포장에 해당하는 부분들, 이를테면 구호나 슬로건, 행동 원칙들처럼 사람들이 일상적으로 인지하는 부분에 대해서는 전면적인 재검토를 해야 한다. 그리고 사내에 일정 기간 동안 변화경영을 독려하기 위해 시각적으로 노출되어왔던 구호나 슬로건, 각종 휘장 등과 같은 것들에 대해서 완전히 새롭다는 느낌이 들 정도로 변화를 주어야 한다. 점포를 재단장하거나 CI를 새롭게 단장하고 새출발을 하는 조직과 마찬가지다. 이처럼 하드웨어에 대한 전면적인 수정은 효과가 매우 크기 때문에 변화경영에서 반드시 염두에 두어야 한다.

어떤 조직이 CI를 바꾸었다고 해도 조직이 추구하는 사업 방향이나 조직 구성원들의 행동에는 큰 변화가 없다. 그러나 외관을 바꾸는 작업만으로도 조직의 분위기를 일신하고 산뜻하게 재도전한다는 인상을 대내외에 분명하게 알릴 수 있다. 변화경영 역시 추진해가는 동안 고쳐야 할 것과 새롭게 더해야 할 것들이 계속해서 등장하므로 리뉴얼 작업을 일정한 간격으로 행할 때만이 새로움을 더할 수 있다.

이때 우리가 기억해야 할 것은 조직의 변화는 한 시점에서 머무르는 것이 아니라 계속해서 움직인다는 점이다. 고쳐야 할 것이 있다면 과감하게 손보고 더할 것이 있으면 과감하게 더해야 한다. 처음에 수립한 변화경영이 오랫동안 영속될 수는 없다. 변화경영 자체가 혁신의 대상 혹은 변화의 대상이 될 수 있음을 잊어서는 안 된다. 변화경영 그 자체를 변화시켜나가는 일은 당연히 거쳐야 할 과정 가운데 하나이다.

변화경영의 성공을 결정짓는 것은 외부의 환경 변화가 아니라 오히려 조직 내부의 태도와 마음가짐에 크게 의존한다. 변화경영이 어느 정도 성과를 내기 시작하면 성취한 것에 대한 자만심이나 자족감이 생겨나는 것은 어느 조직에서나 공통적으로 나타나는 현상이다. 변화경영의 성과가 어느 정도 가시화되고 시장 상황도 우호적으로 전개되면, 조직 내부에서는 자족감이 등장하게 마련이다. 이때의 문제는 해냈다는 자신감 수준에 머무는 것이 아니라 주변을 만만하게 보는 분위기가 생겨나는 것이다.

이럴 때일수록 변화경영을 이끄는 책임자는 기대 수준을 대폭 상승시켜야 한다. '위대한 기업'이나 '위대한 조직'을 목표로 두고, 자신들이 이루어낸 것은 미미한 수준이라는 사실을 자각해야 한다. 기대 수준을 고만고만한 수준에 두면 자족감을 느낄 수도 있지만, 기대 수준을 확 올리면 이제까지 이루어낸 것이 평범한 수준이라는 점을 스스로 깨닫게 된다.

내부의 적은 어느 정도의 성과를 내는 기업이라면 늘 생겨나게 마련이다. 특히 변화경영을 야심차게 추진해서 성과를 내기 시작한 기업이라면 역설적으로 내부의 적이 생겨날 가능성이 더욱 커진다.

방심하지 않도록 변화경영을 리뉴얼하고 더 높은 목표를 향해 비상하도록 유도하는 일은 변화경영 후반기의 중요한 과제 가운데 하나다. 이런 작업을 지속적으로 성공시켜나간다면 조직은 계속해서 한 단계 한 단계 더 도약할 수 있을 것이다.

방심하면 언제 그런 시간들이 있었느냐 싶게 조직은 금세 과거로 돌아가버린다. 한번 돌아가버리면 다시 변화경영에 돌입하기는 어렵다. 사람들이 경험을 통해서 '그저 그런 것이구나'라는 인식을 갖기 때문이다. 이런 고정관념을 없애기는 매우 힘들다. 그래서 변화경영이란 항상 기회와 위기라는 양면의 칼과 같다고 한다. 한번 써버리고 나면 다시 사용할 수 없다. 마치 일방통행 같은 것이다.

변화경영이 어느 정도 궤도에 들어선 그 순간이 가장 큰 기회라는 사실을 깨달아야 한다. 이 기회를 두 번 다시 돌아오기 어려운 것으로 받아들이고 그것을 잃어버리지 않도록 각별히 주의하는 일이 조직의 경영자가 맡아야 할 부분이다.

사람이 언제 치열하게 행동하는가를 생각해보라. 현재 상태에 대한 만족감보다는 불편함이 끊임없이 존재할 때 미래를 향한 도전이나 현상 타개를 위해 노력하게 된다. 감정적인 부분은 변화경영을 시도해나갈 때뿐만 아니라 어느 정도 궤도에 올라서 재도약할 때도 매우 중요하다는 점을 반드시 명심해야 한다. 논리나 이성 못지않게 사람을 움직이는 요소를 고려해서 안심이란 단어가 조직 내에 발을 붙일 수 없도록 해야 한다.

| 에필로그 |

변화의 학생이 돼라

'변화의 학생이 돼라. 그것이 유일하게 살아남을 수 있는 선택이다.' 그러나 모든 변화는 불편함과 두려움을 가져오므로 변화를 인식하는 것과 변화를 실행하는 것 사이에는 항상 커다란 간극이 생길 수밖에 없다. 이런 이유로 성공적인 변화경영을 소망하는 다수의 조직들이 기대나 의욕에 비해 큰 성과를 거두지 못하게 된다. 변화경영은 2가지 과제, 즉 변화경영에 관련된 인식의 문제를 해결하고 동시에 실행을 성공시킬 수 있어야 한다는 것을 기억하기 바란다. 누군가가 필자에게 '변화는 무엇인가?' 라는 질문을 던진다면, 다음 10가지로 정리하고 싶다.

첫째, 변화는 삶이다. 자연스럽게 세상의 변화에 발맞추어 더 나은 상태를 향해 나아가는 것은 삶과 조직의 자연스러운 한 단면이다.

둘째, 변화는 과정이다. 변화의 정답은 주어지는 것이 아니라 찾아내는 것이다. 쉽지는 않지만 우리 모두는 탐구자의 자세와 마음가짐으로 변화를 대해야 한다.

셋째, 변화는 여행이다. 목적지를 향해 나아가야 하지만 중간중간의 모든 과정을 즐길 수 있도록 노력해야 한다. 순간에 의미를 부여하면서 최선을 다하다 보면 어느새 종착지에 도착해 있을 것이다.

넷째, 변화는 솔선수범이다. 지시나 통제보다는 마음을 움직일 때 변화가 일어난다. 그러므로 변화의 성공을 염원하는 사람이라면 스스로 모범이 되도록 노력해야 한다.

다섯째, 변화는 실천이다. 백 마디의 말보다 더 중요한 것은 실천을 통해서 성과를 만드는 일이다. '이것 보세요, 우리가 이렇게 만들어냈습니다' 라고 보여줄 때 변화는 가속화될 수 있다.

여섯째, 변화는 오뚝이다. 실수나 실패를 감수하지 않고선 변화를 제대로 성공시킬 수 없다. 실수를 범하더라도 툴툴 털고 다시 일어설 수 있어야 한다.

일곱째, 변화는 결단이다. 위험을 무릅쓰고 미지의 것을 향해 한 걸음 내딛는 것은 항상 두려운 일이다. 변화는 그런 두려움을 떨치고 나아갈 때 가능하다.

여덟째, 변화는 마음이다. 변화는 사람들의 마음을 바꾸는 일이다. 헌신과 몰입 상태를 향해서 함께 나아가도록 설득하는 일이기도 하다.

아홉째, 변화는 인간 승리이다. 스스로를 이겨낼 수 있어야 성공할 수 있다. 굳어진 습관을 깨고 새로운 습관을 만들지 않으면 안 되기 때문이다.

열째, 변화는 가치를 만드는 일이다. 제한된 자원으로 더 많은 가치를 만들어 모든 참가자들과 조직의 이해관계자들에게 중장기적으로 이득을 주는 일이다.

이제까지 설명한 변화에 대한 10가지 정의는 필자가 가진 변화에 대한 생각이자 변화경영에 대한 생각이기도 하다. 그렇다면 다른 사람들은 변화를 어떻게 생각할까? 분야마다 걸출한 업적을 남긴 인물들에게 "당신에게 변화는 무엇인가?"라는 가상의 질문을 던져보았다. 아홉 명의 명사들이 주는 답은 아래와 같다.

- 헤라클리투스(Heraclitus, 그리스의 철학자) : 변화 외에 영원한 것은 없다. Nothing is permanent but change.

- 사무엘 존슨(Samuel Johnson, 영국의 역사가) : 불편함 없이 변화는 이루어지지 않는다. Change is not made without inconvenience.

- 벤저민 프랭클린(Benjamin Franklin) : 당신이 변화하기를 멈추었을 때, 당신은 사라지게 될 것이다. When you're finished changing, you're finished.

- 존 F. 케네디(John Fitzgerald Kennedy) : 변화는 삶의 법칙이다. 과거나 현재만을 보는 사람들은 확실히 미래를 놓치고 말 것이다. Change is the law of life. And those who look only to the past or present are certain to miss future.

- 존 폴 게티(J. Paul Getty, 미국의 오일 재벌) : 급속한 변화의 시기가 되면, 경험은 당신에게 최악의 적이 될 수 있다. In times of rapid change, experience could be your worst enemy.

- 찰스 다윈(Charles Darwin) : 생존하는 종은 가장 강한 종도 가장 현명한 종도 아니다. 변화에 가장 잘 적응하는 종만이 살아남는다. It is not the strongest of the species that survive, nor the most intelligent, but the one most responsive to change.

- 알렌 코헨(Allen Cohen, 작가) : 익숙하고 안정된 것처럼 보이는 것을 버리는 일이나 새로운 것을 포함하는 일은 많은 용기를 필요로 한다.

그러나 더 이상 의미가 있는 것 중에 진정한 안정이란 없다. 모험적이고 흥분되는 것에 더 많은 안정이 있다. 움직이는 것에 생명이 있으며, 변화하는 것에 힘이 있다. It takes a lot of courage to release the familiar and seemingly secure, to embrace the new. But there is no real security in what is no longer meaningful. There is more security in the adventurous and exciting, for in movement there is life, and in change there is power.

- 앙리 베르그송(Henri Bergson, 프랑스의 철학자) : 존재하는 것은 변화하는 것이며 변화하는 것은 성숙하는 것이다. 성숙하는 것은 계속해서 자신을 창조해가는 것이다. To exist is to change, to change is to mature, to mature is to go on creating oneself endlessly.

- 앨런 와츠(Alan Watts, 신학자이자 작가) : 변화를 이해하는 유일한 길은 그것에 뛰어들고, 그것과 함께 움직이고 그것과 함께 춤추는 것이다. The only way to make sense out of change is to plunge into it, move with it, and join the dance.

출처 www.changingminds.org

| 주 |

1부 변화와 변화경영
1장 기업 환경이 변하면 경영 원칙도 변한다

1 Niccolo Machiavelli, The Prince, Penguin Books, p.19.
2 같은 책, p.79.
3 변화의 요인에 대한 기본 아이디어는 네바다 대학의 부교수, Stevan E. Phelan 이 만든 'Why Organizations Change' 라는 슬라이드 자료를 참조하여 만듦. www.unlv.edu/faculty/phelan/ChangeMgt/2006/Change%203.ppt
4 오마에 겐이치(大前硏一), 《부의 위기》, 지희정 역, 국일증권경제연구소, 2006, pp.51~59.
5 "중저가 화장품 업체인 더페이스샵은 21일 창사 2년 만에 매출 규모에서 국내 화장품 업계 3위에 올랐다고 밝혔다. 더페이스샵의 지난해 매출액은 1,550억 원이었다. 2004년에 비해 152%나 늘어난 것으로, 태평양(1조 1,719억원), LG 생활건강(9,678억 원)의 뒤를 이었다. (중략) 2003년 후발주자로 가세한 더페이스샵은 '자연주의' 이미지를 내세워 오랜 역사를 가진 코리아나, 한국화장품을 제쳤고 '원조' 격인 미샤까지 앞질렀다." 김필규, "중저가 화장품 더페이스샵 창사 2년 만에 매출 '톱3'에", 〈중앙일보〉, 2006. 2. 21.
6 Michael Harris, "Food product introduction continue to decline in 2000", Food Review, Spring, 2002.
7 토머스 데이븐포트 · 존 벡(Thomas Davenport and John Beck), 《관심의 경제학(The Attention Economy)》, 김병조 외 2인 역, 21세기북스, 2006, p.19.

8 2006년 11월 8일 공동 주택 내 국·공립 보육시설 확충방안에 대한 의견은 재단법인 자유기업원의 의견을 참조. "어린이집 국공립화 추진은 정부가 나서서 질낮은 서비스를 강요하는 꼴", 자유기업원, 논평, 2006. 11. 17.
9 최유식, "포스코 심각한 위기 5년 내에 올 수 있다", 〈조선일보〉, 2006. 12. 4.
10 변화의 유형을 4가지, 즉 '예외적인 변화(Change by exception)', '점진적인 변화(Incremental change)', '진폭이 큰 변화(Pendulum change)', '근본적인 변화(Paradigm change)'로 나누는 전문가들도 있다. Marcia Drew Hohn, "Why Is Change So Hard?" Focus on Basics 2, issue C September 1998, p.2~6. gseweb.harvard.edu/ncsall/fob/1998/hohn.htm
11 레인콤은 2002월 6월, 세계 최초로 데이터 디스크 재생 플레이의 자체 개발에 성공함으로써 2002년 매출은 799억 원(영업이익 126억 원)을 기록하게 된다. 이후 2년 만에 외형은 무려 5.61배가 넘는 4,540억 원(영업이익 650억 원)까지 상승하지만, 이후 매출액과 영업이익은 급락하여 2006년(상반기)에는 매출액 724억 원(영업이익 328억 원 적자)으로 어려움을 경험하게 된다.
12 "애플컴퓨터는 8월, 특허상표국에 아이팟 기능과 전화 기능을 통합한 새로운 휴대폰 기기에 대한 특허를 신청하였다. 아이팟의 성공에 고무된 스티브 잡스는 다른 제품라인에 활용할 것을 구상 중이며, 빠르면 내년 1월에 새 휴대용 기기가 출시될 것이다"라는 내용을 블룸버그 통신이 11월 30일에 전했다. 김경인, "애플, '아이폰' 출시 초읽기, 또 대박?", 〈이데일리〉, 2006. 12. 2.
13 김경원, 최희갑, 《디지털 금융대혁명》, 삼성경제연구소, 2002, pp.345~348.
14 무굴 판다·로비 셸(Mukul Pandya, Robbie Shell), 《세상을 변화시킨 리더들의 힘(Lasting Leadership)》, 신문영 역, 럭스미디어, 2006, p.139.
15 같은 책, p.135.
16 아그파포토는 아그파그룹의 소비자영상사업부(카메라 필름 및 인화장비 사업)를 이어받아서 2004년 11월에 독립한 회사이다. 벨기에에 본사를 둔 '아그파'는 의료화상정보 저장전송 시스템이나 신문사 출력 시스템 분야에서 여전히 사업을 전개하고 있다. 김영배, "필름 끊기는 시대 오는가", 〈한겨레21〉, 2005. 6. 9.
17 "간부들이여, 괴짜 직원의 수호자가 돼라", 〈조선일보〉, 2006. 9. 20.

18 David Henry, "A Tense Kodak Moment", Businessweek, October 17, 2005.
19 William C. Symonds, "Kodak's Comeback : Still Undeveloped", Business-Week, January 31, 2006.
20 Betsy Morris, "Tearing up the Jack Welch playbook", Fortune, 2006. 7. 11.
21 같은 글.
22 '경영(經營, management)'이라는 용어를 명사로 사용할 때는 기업과 동의어로 사용되지만 동사로 사용할 때는 기업 혹은 그 밖의 조직을 경영한다는 의미로 사용할 수 있다. 때로는 관리라는 용어를 구분하여 어떤 학자는 관리를 상위의 개념으로, 어떤 학자는 경영을 상위개념으로 두기도 하지만 정설은 없다. 이규상, 《경영학원론》, 도서출판 대경, p.61.
23 Jeff Hiatt & Tim Creasey, "The definition and history of change management", www.change-management.com
24 "change management", whatis.techtarget.com

2장 변화경영의 핵심은 개인의 변화

1 John D. Adams, "Successful Change-Paying Attention to the Intangibles", OD Practioner, Vil.35, No.4, 2003, p.3.
2 정인석, 《역경의 심리학》, 나노미디어, 2003, p.119.
3 Victor E. Frankl, Man's Search for Meaning, New York : Washington Square Press, 1984, p.87.
4 같은 책, p.88.
5 캐롤 드웩(Carol Dweck), 《성공의 심리학(Mindset)》, 진성록 역, 부글, 2006.
6 같은 책, pp.382~383.
7 Esther Cameron and Mike Green, Making Sense of Change Management, Kogan Page, 2004, pp.43~45.
8 같은 책, pp.46~48.
9 R. Folger and D. Skarlicki, "Unfairness and resistance to change : hardship as mistreatment," Journal of Organizational Change Management, 1999, p.205.

[10] E. Dent and S. Goldberg, Challenging "resistance to change", Journal of Applied Behavioral Science, March 1999, p.34.

[11] S. K. Piderit, "Rethinking resistance and recognizing ambivalance : a multidimensional view of attitudes toward an organizational change", Academy of Management, Oct. 2000, p.784.

[12] Steven E. Phelan, "Lecture 6, Resistance to change", Changement Management Slide, www.unlv.edu/faculty/phelan/ChangeMgt/2005/Change%206.ppt와 K. Hultman, Scaling the wall of resistance, Training & Development, Oct. 1995, pp.15~22를 참조해서 재작성함.

[13] P. de Jager, "Resistance to change : a new view of an old problem", The Futurist, May/Jun 2001, p.24.

[14] Albert F. Bolognese, "Employee Resistance to Organizational Change", www.newfoundations.com/OrgTheory/Bolognese721.htm

[15] Paul Strebel, "Why do employees resist change?", Harvard Business Review, May/June, 1996, p.87.

[16] Esther Cameron and Mike Green, 앞의 책, pp.48~50.

[17] Robert Kegan and Lisa Laskow Lahey, "The Real Reason People Won't Change", Harvard Business Review, Nov. 2001, pp.85~92.

[18] Steven E. Phelan, "Why Do People Resist hange?" 슬라이드 참조.

[19] P. de Jager, 앞의 책, p.26.

3장 변화경영의 방법론

[1] 커트 르윈(Kurt Lewin)에 의해 제시된 변화경영의 모델과 이것을 확장한 모델들은 흔히 '계획된 접근법(The Planned Approach)'이라고 부르며, 이것 이외에 '우발적 접근법(The Contingency Approach)'과 '신생 접근법(The Emergent Approach)' 등이 존재한다. Robert D. Macredie, Carl Sandom and Ray J. Paul, "Modelling for Change", www.isys-integrity.com/Assets/Papers%20&%20Presentations/ SANDOM%20Modelling4Change98.pdf

[2] "Kurt Lewin : The Forces are With You", www.skymark.com/resources/

leaders/lewin.asp

[3] Alicia Kritsonis, "Comparison of Change Theories", International Journal of Scholarly Academic Intellectual Diversity, Vol. 8 Number 1, 2004~2005.

[4] R. Lippitt, J. Watson and B. Westley, The Dynamics of Planned Change, New York : Harcourt, Brace and World, 1958.

[5] 같은 책, pp.58~59를 풀어서 설명함.

[6] Everett M. Rogers, Diffusion of Innovations, free Press, 1962.

[7] Everett M. Rogers, "Rise of the Classical Diffusion Model", Current Contents, July 15, 1991, p.16, www.garfield.library.upenn.edu/classics1991/A1991FT75500001.pdf

[8] Everett M. Rogers and Shoemaker Flod F., Communication of innovations : a cross-cultural approach, New York : Free Press, 1971, p.22.

[9] Shepard H. A., "Rules of thumb for change agents", Organizational Development Practitioner, NJ : National OD Network, 1975, pp.1~5.

[10] Steven E. Phelan, "Controlling approaches to change", Change Management Lecture Slide, Ch.8, www.unlv.edu/faculty/phelan, July 2006을 인용하여 재해석함.

[11] 그는 대학에서 연구와 강의를 수행하면서도 베카드 어소시에츠사를 운영하며 전 세계 많은 조직들의 변화에 대한 컨설팅을 수행하였고, 이런 경험에서 '변화방정식'이 나오게 되었음. "A Biography of Richard Beckhard", Journal of Applied Behavioral Science, Vol. 33 No.2, June 1997, pp.126~126.

[12] R. F. Beckhard and Harris, R. T., Organizational Transitions : Managing complex change, Addison-Wesley, Reading, MA, 1987.

[13] 존 아담스(John D. Adams)는 1967년 그가 아더 D. 리틀 컨설팅회사에 인턴십 프로젝트에 참가하고 있을 때 데이비드 글레이처를 만났고, 이때 그는 성공적인 변화를 위한 공식에 대해 이야기를 나누었다고 회고하고 있다. 물론 당시에 이 공식은 경험에서 나온 것이지만 검증받지 않았다. 훗날 이 아이디어는 베카드와 해리스에 의해 '변화방정식'으로 자리를 잡게 된다. John D.

Adams, "Successful Change", Practitioner, Vol.35, No.4, 2003, p.5.
14 존 코터(John Kotter) 외, 《변화관리(Change)》, 현대경제연구원 역, 21세기북스, 1999, pp.18~19.
15 John Kotter, "Leading change : why transformation efforts fail", Harvard Business Review, 73(2), pp.59~67.
16 존 코터(John Kotter) 외, 앞의 책, pp.21~24.
17 같은 책, pp.25~26.
18 같은 책, pp.27~28.
19 같은 책, pp.30~31.
20 같은 책, p.33.
21 같은 책, p.33.
22 같은 책, p.35.
23 같은 책, pp.37~38.
24 Steven E. Phelan, 앞의 자료.
25 데이비드 내들러(David A. Nadler), 《변화의 챔피언(Champion of Change)》, 도근우 역, 21세기북스, 2001, pp.129~134.
26 같은 책, pp.137~138.
27 같은 책, p.140.
28 같은 책, p.141.
29 같은 책, p.142.
30 같은 책, p.144.
31 같은 책, p.147.
32 같은 책, p.149.
33 같은 책, p.150.
34 같은 책, p.151.
35 같은 책, p.152.
36 같은 책, pp.152~153.
37 같은 책, p.154.

2부 변화경영 실천방법
1장 인지단계

1 지니 다니엘 덕(Jeanie Daniel Duck), 《체인지 몬스터(Change Monster)》, 보스턴컨설팅그룹 역, 더난출판, 2005, pp.109~110.

2 하워드 가드너(Howard Gardner), 《통찰과 포용(Leading Minds)》, 송기동 역, 북스넛, 2006, p.92.

3 리윈웨이, 《리자청, 부자가 되는 12가지 상도》, 전미자 역, 책읽는 사람들, 2003, p.239.

4 송의달, "해맑은 재신, 아시아 최고 부자, 리카싱 청쿵그룹회장", 〈조선일보〉, 2006. 10. 28. 미래의 변화를 내다보고 준비하는 그의 노력은 적절한 타이밍에 변화라는 모습으로 세상에 그 모습을 드러내게 되는데, 1950년대 후반 플라스틱 완구업이 정점에 도달하였을 때 〈플라스틱〉이라는 영어 잡지에서 플라스틱 조화(造花) 사업이 크게 성장할 것을 내다볼 수 있었던 판단, 1971년 청쿵실업(부동산)을 만들어 새로운 사업 분야에 뛰어들었던 판단, 1979년에 허치슨왐포아(항만 전화 에너지 호텔 등 종합재벌)를 바탕으로 새로운 사업을 일으킨 판단, 1985년에 홍콩전력과 2003년 3G(3세대이동통신)사업에 뛰어든 판단을 들 수 있다.

5 닐 퍼거슨(Nail Ferguson), 《제국(Empire)》, 김종원 역, 민음사, 2006, pp.64~65.

6 칼리 피오리나(Carly Fiorina), 《칼리 피오리나-힘든 선택들(Tough Choices)》, 공경희 역, 해냄, 2006, p.371.

7 존 코터(John P. Kotter), 《기업이 원하는 변화의 기술(The Heart of Change)》, 김기웅·김성수 역, 김영사, 2004, p.33.

8 클로테르 라파이유(Clotaire Rapaille), 《컬처코드(The culture code)》, 김상철·김정수 역, 리더스북, 2007, p.19.

9 영국 The Economist, 《이코노미스트 2007 세계대전망(The World in 2007)》, 현대경제연구원 편자, 한국경제신문사, 2006, pp.260~264.

10 하워드 가드너(Howard Gardner), 《체인징 마인드(Changing Minds)》, 이현우 역, 재인, 2005, pp.92~93.

[11] 같은 책, p.258.
[12] 존 코터 · 홀거 래스거버(John p. Kotter & Holger Rathgeber), 《빙산이 녹고 있다고?(Our Iceberg is Melting)》, 유영만 역, 김영사, 2006, p.48.
[13] 베르나르 앙리 레비(Bernard-Henri Levy), 《아메리칸 버티고(American Vertigo)》, 김병욱 역, 황금부엉이, 2007, pp.53~56.

2장 준비단계

[1] 존 코터(John P. Kotter), 《기업이 원하는 변화의 리더(Leading Change)》, 한정곤 역, 김영사, 2005, pp.85~87.
[2] 카를로스 곤(Carlos Ghosn), 《르네상스(Renaissance)》, 오정환 역, 이레, 2002, pp.190~191.
[3] LS전선 경영혁신부문, 《LS전선 솔직한 혁신 이야기》, 산소리, 2006, pp.30~31.
[4] 브라이언 트레이시(Brian Tracy), 《미래를 움직이는 경영전략》, 김동수 역, 황금부엉이, 2005, pp.54~55.
[5] 같은 책, p.57.
[6] 변화경영의 커뮤니케이션을 위해 조직이 활용할 수 있는 커뮤니케이션 수단으로 온라인 대화 채널, 오프라인 대화 채널, 대면 대화, 커뮤니티 활용, CEO의 설득 등을 들 수 있음. 김호, "변화관리에서 PR커뮤니케이터는 무엇을 할 수 있는가", Edelman Korea의 세미나 자료, 2005, ppt.18.
[7] 대면 설득 이외에 CEO가 활용할 수 있는 커뮤니케이션 수단은 이메일에 대한 피드백 시스템, CEO 홈페이지, 소문에 대한 핫라인 대응, 소규모의 아침과 점심 모임, 인트라넷을 통한 실시간 대화, 신문에 난 인터뷰나 기사 제공 등을 들 수 있음. Rodney Gray, "How to gey your talking (productively) with employees", Journal of Employee Communication Management, November/December, 2004.
[8] 하워드 가드너(Howard Gardner), 《체인징 마인드(Changing Minds)》, 이현우 역, 재인, 2005, p.185.
[9] 같은 책, pp.187~188.
[10] 이승주, 《전략적 리더십》, 시그마 인사이드컴, 2005, p.191.

[11] Rebecca M. Saunders, Havard Management Communication Letter, 1999, 김호, "변화관리에서 PR커뮤니케이터는 무엇을 할 수 있는가", Edelman Korea 세미나 자료, 2005, ppt.37에서 재인용.

[12] She Holtz, Corporate conversations, 2004, Amacom, 김호, "변화관리에서 PR커뮤니케이터는 무엇을 할 수 있는가", Edelman Korea 세미나 자료, 2005, ppt.38에서 재인용.

3장 추진단계

[1] 지니 다니엘 덕(Jeanie Daniel Duck), 《체인지 몬스터(Change Monster)》, 보스턴컨설팅그룹 역, 더난출판, 2005, p.243.

[2] 존 코터 · 홀거 래스거버(John p. Kotter & Holger Rathgeber), 《빙산이 녹고 있다고?(Our Iceberg is Melting)》, 유영만 역, 김영사, 2006, p.152.

[3] LS전선 경영혁신부문, 《LS전선의 솔직한 혁신 이야기》, 산소리, 2006, p.55.

[4] KT ERP 프로젝트 추진팀, 《KT ERP STORY》, KT문화재단, 2005, p.33.

[5] 한근태, 《우리는 혁신의 루비콘강을 건넜다》, 미래의 창, 2006, p.106.

[6] 포스코 PI프로젝트 추진팀, 《디지털 포스코》, 21세기북스, 2001, p.85.

[7] 신지은, "구매담당 대리가 1년 회사경비 100억 절약", 〈조선일보〉, 2005. 6. 1.

[8] 이승주, 《전략적 리더십》, 시그마 인사이트컴, 2005, p.193.

[9] 같은 책, p.194.

[10] J. W. 메리어트 주니어(J. W. Marriott, Jr), 《메리어트의 서비스 정신(The Spirit to serve)》, 세종서적, 1999, p.46.

[11] LS전선 경영혁신부문, 앞의 책, pp.27~29.

[12] 한근태, 앞의 책, pp.102~103.

[13] 미하이 칙센트미하이(Mihaly Csikszentmihalyi), 《몰입의 경영(Good Business)》, 심현식 역, 황금가지, 2006, pp.157~158.

| 참고문헌 |

국내서

김경원 · 최희갑, 《디지털 금융대혁명》, 삼성경제연구소, 2002.
김영한, 《변화경영 7가지 성공법칙》, 더난출판, 2005.
문근찬, 《혁신과 변화관리》, 한티미디어, 2006.
LS전선 경영혁신부문, 《LS전선의 솔직한 혁신 이야기》, 산소리, 2006.
오마에 겐이치(大前研一), 《부의 위기》, 지희정 역, 국일증권경제연구소, 2006.
윤석철, 《프린시피아 매네지멘타(Principia Managementa)》, 경문사, 1991.
이규상, 《경영학원론》, 도서출판 대경, 1999.
이승주, 《전략적 리더십》, 시그마 인사이트컴, 2005.
이태복, 《영원한 것은 없다》, 물푸레, 2002.
KT ERP 프로젝트 추진팀, 《KT ERP STORY》, KT문화재단, 2005.
포스코 PI 프로젝트 추진팀, 《디지털 포스코》, 21세기북스, 2001.
한근태, 《우리는 혁신의 루비콘강을 건넜다》, 미래의 창, 2006.

번역서

닐 퍼거슨(Nail Ferguson), 《제국(Empire)》, 김종원 역, 민음사, 2006.
더글라스 K. 스미스(Douglas K. Smith), 《변화의 원칙(Taking Charge of Change)》, 김정민/이승형 역, 새로운 제안, 2006.
데이비드 내들러(David A. Nadler), 《변화의 챔피언(Champion of Change)》, 도근우 역, 21세기북스, 2001.

무굴 판다 · 로비 셸(Mukul Pandya, Robbie Shell), 《세상을 변화시킨 리더들의 힘(Lasting Leadership)》, 신문영 역, 럭스미디어, 2006.
미다스 데커스(Midas Deckkers), 《시간의 이빨(De vergankelijkheid)》, 오윤정 · 정재경 역, 영림카디널, 2005.
미하이 칙센트미하이(Mihaly Csikszentmihalyi), 《몰입의 경영(Good Business)》, 심현식 역, 황금가지, 2006.
베르나르 앙리 레비(Bernard-Henri Levy), 《아메리칸 버티고(American Vertigo)》, 김병욱 역, 황금부엉이, 2007.
샘 월튼(Sam Walton), 《샘 월튼(Sam Walton: Made in America)》, 김남주 역, 우리문학사, 1992.
존 코터(John P. Kotter), 《기업이 원하는 변화의 리더(Leading Change)》, 한정곤 역, 김영사, 2005.
존 코터(John P. Kotter), 《변화의 리더십(John P. Kotter on What Leaders Really Do)》, 신태균 역, 21세기북스, 2003.
존 코터 · 댄 코헨(John P. Kotter & Dan S. Cohen), 《기업이 원하는 변화의 기술(The Heart of Change)》, 김기웅/김성수 역, 김영사, 2003.
존 코터 · 홀거 래스거버(John p. Kotter & Holger Rathgeber), 《빙산이 녹고 있다고?(Our Iceberg is Melting)》, 유영만 역, 김영사, 2006.
존 코터(John Kotter) 외, 《변화관리(Change)》, 현대경제사회연구원 역, 21세기북스, 1999.
지니 다니엘 덕(Jeanie Daniel Duck), 《체인지 몬스터(Change Monster)》, 보스턴컨설팅그룹 역, 더난출판, 2001.
찰스 모리스(Charles G. Morris), 《심리학입문(Psychology)》, 장동환 외 2인, 박영사, 1988.
칼리 피오리나(Carly Fiorina), 《칼리 피오리나-힘든 선택들(Tough Choices)》, 공경희 역, 해냄, 2006.
캐롤 드웩(Carol Dweck), 《성공의 심리학(Mindset)》, 진성록 역, 부글, 2006.
콜린 카넬(Colin Carnall), 《변화관리실행지침(The Change Management Tiilkit)》, 김정원 외 역, 한경사, 2006.

클로테르 라파이유(Clotaire Rapaille), 《컬처코드(The culture code)》, 김상철 · 김정수 역, 리더스북, 2006.

키스 베일리, 카렌 릴랜드(Keith Baily and Karen Leland), 《워터쿨러 위즈덤(Watercooler Wisdom)》, 김정혜 역, 나무한그루, 2006.

토마스 데이븐포트 · 존 벡(Thomas Daveport and John Beck), 《관심의 경제학(The Attention Economy)》, 김병조 외 2인 역, 21세기북스, 2006.

하버드 비즈니스 리뷰(Harvard Business Review), 《변화관리(Change)》, 신태균 역, 21세기북스, 1998.

하버드 비즈니스 리뷰(Harvard Business Review), 《변화관리(When Change Comes Undone What Will You Do?)》, 윤영호 역, 세종연구원, 2006.

하워드 가드너(Howard Gardner), 《체인징 마인드(Changing Minds)》, 이현우 역, 재인, 2005.

하워드 가드너(Howard Gardner), 《통찰과 포용(Leading Minds)》, 송기동 역, 북스넛, 2006.

외국 문헌

Alicia Kritsonis, "Comparison of Change Theories", International Journal of Scholarly Academic Intellectual Diversity, Vol. 8 Number 1, 2004~2005.

E. Dent and S. Goldberg, Challenging "resistance to change", Journal of Applied Behavioral Science, March 1999.

Esther Cameron and Mike Green, Making Sense of Change Management, Kogan Page, 2004.

Everett M. Rogers and Shoemaker Flod F. Communication of innovations: a cross-cultural approach, New York: Free Press, 1971.

Everett M. Rogers, "Rise of the Classical Diffusion Model", Current Contents, July 15, 1991.

Everett M. Rogers, Diffusion of Innovations, Free Press, 1962.

John D. Adams, "Successful Change-Paying Attention to the Intangibles", OD Practioner, Vol.35, No.4, 2003.

John D. Adams, "Successful Change", Practitioner, Vol.35, No.4, 2003.

Marcia Drew Hohn, "Why Is Change So Hard?" Focus on Basics 2, issue C September 1998, gseweb.harvard.edu/ncsall/fob/1998/hohn.htm

Michael Harris, "Food product introduction continue to decline in 2000", Food Review, Spring, 2002.

P. de Jager, Resistance to change : a new view of an old problem, The Futurist, May/Jun, 2001.

R. F. Beckhard and Harris, R. T., Organizational Transitions: Managing complex change, Addison-Wesley, Reading, MA, 1987.

R. Folger and D. Skarlicki, Unfairness and resistance to change: hardship as mistreatment, Journal of Organizational Change Management, 1999.

R. Lippitt, J. Watson and B. Westley, The Dynamics of Planned Change, New York : Harcourt, Brace and World, 1958.

Rebecca M. Saunders, Harvard Management Communication Letter, 1999.

Robert Kegan and Lisa Laskow Lahey, "The Real Reason People Won't Change", Harvard Business Review, Nov. 2001.

S. K. Piderit, Rethinking resistance and recognizing ambivalance: a multidimensional view of attitudes toward an organizational change, Academy of Management, Oct. 2000.

She Holtz, Corporate conversations, 2004, Amacom.

The Economist, 《이코노미스트 2007 세계대전망(The World in 2007)》, 현대경제연구원 편자, 한국경제신문사, 2006.

Victor E. Frankl, Man's Search for Meaning, New York : Washington Square Press, 1984.

"The new titans", The Economist, Sep. 16, 2006.

William C. Symonds, "Kodak's Comeback : Still Undeveloped", BusinessWeek, January 31, 2006.

신문 및 잡지

"간부들이여, 괴짜 직원의 수호자가 되라", 〈조선일보〉, 2006. 9. 20.

김경인, "애플, '아이폰' 출시 초읽기, 또 대박?", 〈이데일리〉, 2006. 12. 2.

김영배, "필름 끊기는 시대 오는가", 〈한겨레 21〉, 2005. 6. 9.

김필규, "중저가 화장품 더페이스샵 창사 2년 만에 매출 '톱3'에", 〈중앙일보〉, 2006. 2. 22.

신지은, "구매담당 대리가 1년 회사경비 100억 절약", 〈조선일보〉, 2005. 6. 1.

신정선, "몸통까지 바꾸는 코닥의 혁신", 〈조선일보〉, 2006. 11. 24.

"어린이집 국공립화 추진은 정부가 나서서 질낮은 서비스를 강요하는 꼴", 〈자유기업원〉, 논평, 2006. 11. 19.

송의달, "해맑은 재신, 아시아 최고 부자, 리카싱 청쿵그룹 회장", 〈조선일보〉, 2006. 10. 28.

최유식, "포스코 심각한 위기 5년 내에 올 수 있다", 〈조선일보〉, 2006. 12. 4.

웹사이트

인구보건복지협회 www.ppfk.or.kr

"A New Kind of Brokerage is Born", 〈History & Evolution of the Charles Schwab Corporation〉, www.aboutschwab.com

Albert F. Bolognese, Employee Resistance to Organizational Change, www.newfoundations.com/OrgTheory/Bolognese721.htm

Dick Foster & Darah Kaplan, Creative Destruction : Why Companies Thar Are Built to Last Underperform the Market, 2006년 9월 14일, 톰 피터스의 한국 강연 슬라이드, www.tompeters.com

Robert D. Macredie, Carl Sandom and Ray J. Paul, "Modelling for Change", www.isys-integrity.com/Assets/Papers%20&%20Presentations/SANDOM%20Modelling4Change98.pdf

Stevan E. Phelanwww.unlv.edu/faculty/phelan/ChangeMgt/2006/Change%203.ppt

www.changingminds.org